诺贝尔师训

诺贝尔奖获得者给
青少年的48个忠告

黄志坚 李建勇◎编著

民主与建设出版社

◎民主与建设出版社，2018

图书在版编目（CIP）数据

诺贝尔师训 / 黄志坚，李建勇编著. — 北京：民主与建设出版社，2017.7

ISBN 978-7-5139-1601-1

Ⅰ.①工… Ⅱ.①黄… ②李… Ⅲ.①家庭教育 – 通俗读物 Ⅳ.①G78–49

中国版本图书馆CIP数据核字（2017）第128696号

诺贝尔师训
NUOBEIER SHIXUN

出 版 人：	许久文
编　　著：	黄志坚　李建勇
责任编辑：	王　倩
出版发行：	民主与建设出版社有限责任公司
电　　话：	（010）59419778　59417747
社　　址：	北京市海淀区西三环中路10号望海楼E座7层
邮　　编：	100142
印　　刷：	三河市天润建兴印务有限公司
版　　次：	2017年10月第1版
印　　次：	2018年4月第2次印刷
开　　本：	710mm×1000mm　1/16
印　　张：	15.75
字　　数：	203千字
书　　号：	ISBN 978-7-5139-1601-1
定　　价：	36.80元

注：如有印、装质量问题，请与出版社联系。

Preface

　　每个人都梦想着成功，希望自己有朝一日成为令人瞩目的成功人士。而一个人的成功与自身的优秀品质息息相关。那么这些优秀品质是如何培养出来的？具体又包括哪些内容呢？

　　众所周知，诺贝尔奖用于奖励那些对人类作出重大贡献的学者。它是世界上自然科学和人文科学最著名、学术声望最高的综合性、国际性大奖，而且在评选的整个过程中，获奖人不受任何国籍、民族、意识形态和宗教的影响，评选的唯一标准是成就的大小。那些获得诺贝尔奖的人都属于这个世界上的精英人士，诺贝尔奖不仅代表一个人的伟大成就和崇高荣誉，更代表着一个国家、一个民族对整个世界和人类的贡献！

　　诺贝尔奖堪称国际最高荣誉和奖励，100年来的诺贝尔奖获得者走过的历程，可以说是科学发展历程的缩影。诺贝尔奖获得者为了追求崇高的事业付出了辛勤的劳动和满腔的心血，他们在自己的奋斗中，不断实践和发扬着"诺贝尔精神"，即为了人类的科学事业发展和文明进步，格物致知、奉献博爱、敢于创新、务实

奋斗、坚忍不拔……这些都是令世人仰慕的，也是值得我们学习的。

诺贝尔奖获得者是世界上富有聪明才智的群体，他们不仅拥有超常的才能、卓越的智慧、健全的思想，还拥有丰富的生活和情感。纵观诸多的诺贝尔奖获得者，其中不乏许多爱好广泛、多才多艺的学者。这些智者并非是人们想象中的那么单调、固执、刻板、苦行，他们也是从一个普通的孩子成长起来的。那么在他们成才的过程中，又是掌握了哪些方法，才使得自己如此出类拔萃呢？

细细研究他们的人生，不仅达到了人生的巅峰，而且为世人带来幸福，提高了人类的生活水平。如果我们想成功，向他们学习，复制他们的经历无疑是一种有效的方法。让我们在作者的带领下，渐渐走近那些诺贝尔奖获得者，去感悟他们的生活理念，去学习他们的执著精神，因为这些伟人给我们指出了一条通向成功的道路！

可以毫不夸张地说，诺贝尔奖获得者的成功经验和智慧思想，已成为全人类的共同精神财富。他们不仅在专业领域拥有伟大的成就，有的获奖者在其他领域也拥有卓越的学识和深刻的见解。他们的名言妙语和成功事迹，能够为我们的成才提供参考和借鉴，让我们逐渐领悟成功的真谛，努力提高和发展自我，并造福于人类社会。

在本书中，作者将结合自己的切身体会和大量诺贝尔奖获得者的实证例子来告诉你，如何成为优秀的学生，如何在这个竞争激烈的社会里出类拔萃。即使你只是一个普通人，但是只要你阅读过本书，一定会有所收获。

在本书的编写过程中，我们得到了杨红梅、曾宇花、余江、杨雄、黄远方、曾晓玲、胡康、廖慧君、廖大勇、廖立平、王才华、郭亮、卢建中、卢更辉、李白、朱德勇、吴旭平、龙章程、丁海军、汤媛、朱德云、余著宁、刘威、周鹏的帮助，在这里一并表示感谢。

Contents

目录
CONTENTS

　　每个人在孩提时都具有好奇心，但是成年后就没有那么大了，这非常可惜。一个人只有具有好奇心，同时加上努力才会成功。

——诺贝尔物理学奖获得者罗伯特·劳克林

　　从细枝末节的小事做起，从细微处提出要求，注重每一个细节，每天去实现自己一个小小的梦想，总有一天，这些小事情会累积出巨大的成就，带着我们走向成功。

——诺贝尔和平奖获得者旺加里·马塔伊

　　成功源于切实的目标、敏锐的眼光和果敢的行动，最重要的是再加上持续的毅力！没有坚持，即使目标再伟大，眼光再敏锐，行动再果敢也无济于事！

——诺贝尔文学奖获得者托马斯·曼

　　把你的精力集中到一个焦点上试试，就像凸透镜一样。

——诺贝尔文奖候选人法布尔

　　世界上有很多人的资质并不比别人高出很多，是认真让他们变得与众不同。认真是一种良好的习惯和美德，如果能养成这一良好的习惯，将会拥有巨大的力量。

——诺贝尔化学奖获得者莱纳斯·卡尔·鲍林

　　我们生活似乎都不容易，但是那有什么关系？我们应该有恒心，尤其要有自信心！

——诺贝尔物理学奖和化学奖获得者玛丽·斯可罗多夫斯卡·居里

忠告 1

明确读书的动机

不要等待运气降临，应该去努力掌握知识。

——诺贝尔生理学或医学奖获得者亚历山大·弗莱明

在当今社会中，几乎所有的人都将无比美好的少年青春时光交给了学校。从小学、中学直到上大学、读研，甚至读博……那么，我们究竟是为什么而读书呢？无论我们做任何事情，总会有做这件事情的愿望。而这种愿望就是我们自身为了将来能够达到某一目的所产生的意念，换而言之，这种意念就是动机。

明确自己读书的动机

动机是人的一种内在愿望。我们克服诸多困难，坚持不懈地努力，想尽一切办法为这个愿望的实现做准备，究其根源，这些行为都是在动机的驱使下完成的。

动机分为内发性和外发性两种。不需要任何外在的东西所吸引，纯粹发自内心的行为属于内发性动机；而由外在的东西所吸引的则属于外发性动机。那么我们读书的动机，是属于内发性还是外发性呢？当我们还是儿童的时候，从事的许多活动，主要是因为好奇心或者是强烈的求知欲所引起的。比如说玩游戏，摆

弄玩具，看图画书等，这些都是在自己的想法之下完成的，这种动机是属于内动的。不需要外力引导，更不必进行管束，而且本人还会在这种活动之下获得极大的满足。

有人会在看小说的时候达到非常着迷的程度，甚至忘记吃饭和睡觉。科学家爱迪生在做试验的时候，竟然达到了废寝忘食的程度，而且还乐在其中。其实这主要是因为人们的内在动机引起和维持的。

但读书却是由内发性和外发性综合作用的结果。通常情况下，我们常常被家长要求去读一些自己并不喜欢的知识，有时候，家长甚至会采用物质方面的奖励或者精神上的惩罚等方式来对我们施加压力，他们的主要目的就是为了让我们主动去学习，其实这样做往往会令我们很反感，因为谁也不愿意在家长的强迫下学习。只有发自我们内心的主动学习，才是学习的最佳方法。

每当家长说："你要读书。"我们常常会想："为什么要让我读书？"有时候，我们根本就不明确读书的动机，因此更谈不上有什么学习的兴趣。就算是我们被家长逼着去读书，也不会收到良好的效果。相反，如果我们明确了读书的动机，认为读书对我们的未来是有用的，才会从心里认可这一行为，而且会发自内心地热爱读书。当我们在读书学习的过程中体会到求知的乐趣，享受到获得知识后的满足感之后，我们就会乐于坚持下去，开开心心地去学习，而且还会提高学习的效率。

有动机才有动力

在日常生活中，我们饿了就要吃饭，渴了就要喝水，这些饥渴的感觉推动我们去做满足身体的相关活动，在这种动机的支配下才产生了我们行为的动力。恩格斯曾说过："决不能避免这种情况：推动人去从事活动的一切，都要通过人的头脑，甚至吃喝也是由于通过头脑感觉到的饥渴引起的，并且是由于同样通过头脑感觉到的饱足而停止。"

同样的道理，有了读书的动机，才会有动力。父母希望我们通过读书理解科学，增长知识，这是他们的动机，而我们如果能从读书的过程中体会到求知的乐趣，自然会乐此不疲。外发性和内发性的综合作用，构成了我们读书的动机，那么我们拥有读书的动力就是水到渠成的事情。

1952 年，在土耳其伊斯坦布尔诞生了一个漂亮的男婴——奥尔汉·帕穆克。他对文学有着浓厚的兴趣。23 岁那年，帕穆克决定从事写作，并放弃了原来的专业，开始转修新闻学，于是很自然地成了伊斯坦布尔大学新闻专业的一名优秀学生。

毕业之后，他放弃了成为记者的机会，专心在家写作。整整八年，他每天都笔耕不辍，让自己的思想穿梭在小说的字里行间。这在外人来看，八年的坚持是难以想象的。家里人对他的这种近于疯狂的态度都很担心，于是妈妈劝他改变原来的打算，报考医学院。但是帕穆克却坚持自己的想法，仍旧沉迷于写作之中。

1979 年，帕穆克的小说《赛福得特州长和他的儿子们》获得《土耳其日报》奖项，让世人刮目相看。家人们也放弃了原来的想法，开始支持他。小说在出版后深获好评，几年之后再度获奖。小说出版之后，帕穆克继续写作，期间从未间断。辛勤的劳动结出了累累硕果，他的作品在世界范围内流传，至少有 40 多种不同的语言版本。

1991 年，帕穆克的小说《寂静的房子》获得了欧洲发现奖，这是他所写的第二部小说。后来，他所写的第三部作品——《白色城堡》又获得了美国小说独立奖。接连不断的成功让他举世闻名，为国际读者所了解和接受。一定要写出好

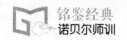

作品的信念让帕穆克坚持了下去，他不断有新作品问世，并深受读者的喜爱。他的书《新人世》一度成为土耳其历史上销售最快的书籍。

2006年度的诺贝尔文学奖的桂冠也被这位名叫帕穆克的土耳其作家所摘取，引起了全世界的轰动。

"探索我的城市里私密角落里的隐藏图案和隐蔽、神秘的地方，这是我的工作，是我的所爱。"——正是帕穆克这种纯粹的写作动机，才让他获得了在文学之路上不断探索的动力。

用几十年的时间让自己沉浸在写作之中，如果没有创作的激情和动力，将会变成一件苦不堪言的差事。通过描写自己周围的生活，让世人了解土耳其，成为帕穆克的写作动力长期维持的奥秘，也是他成功的根源。

动机驱动成功

1881年，亚历山大·弗莱明出生在苏格兰的洛克菲尔德。第一次世界大战爆发了，弗莱明入伍成了一名军医。在残酷的战争中，很多士兵由于受伤后得不到有效治疗，伤口出现了细菌感染，这在当时就意味着患者将会失去生命。大量的人员死于创伤感染引起的疾病，引起了弗莱明的重视。他开始从事关于创伤病的研究工作，立志找到一种能够有效防止创伤感染的药物。

1928年夏季的一天，弗莱明用显微镜观察培养皿中的葡萄球菌时，发现了一团青绿色的霉菌，在它周围的葡萄球菌全部消失。

这一奇怪现象引起了他的注意。弗莱明认为这种霉菌的某种成分有可能含有抑菌物质，他把这种物质称为青霉素。一定要提取到高纯度的青霉素！正是在这种动机的驱动下，弗莱明开始一代代培养青霉素的植株，进行了更为广泛的试验研究，并且做了无数次试验，终于用冷冻干燥法提取了青霉素晶体。

"发现青霉素及其临床效用"这一伟大的成就让弗莱明与弗洛里、钱恩等有机会获得了1945年的诺贝尔生理学或医学奖。

回顾弗莱明的成功历程不难发现，正是有了"必须找到有效防止创伤感染的药物"这一动机，他才有了孜孜以求的动力，在科学的道路上不断探索，从而取得了伟大的成就。

一个人如果有动机在背后激励着他，他就拥有了前进的动力。人生在世，不能总是盲目地度过每一天，而要有自己的计划和打算。

有了实现理想的动机，就需要我们付出不懈的努力。在这个过程中，要不断地用自己订下的目标激励自己，这样一来，我们就有了前进的动力。在动力的驱动下，我们就可以充满激情地向成功的目标迈进了。

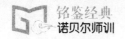
忠  告

自主学习，而非被动接受

> 我们每天都愉快地过着生活，不要等到日子过去了才找出它们的可爱之点，也不要把所有特别合意的希望都放在未来。没有人能比你更了解自己想要什么，一定要有自己的主见。
>
> ——诺贝尔物理学奖和化学奖获得者玛丽·斯可罗多夫斯卡·居里

自主学习包括很多方面，比如说学习者的态度、能力以及学习的方法方式等，它是各种因素综合作用的结果。自主学习的过程中，需要学习者自己进行各种行为的决定。

现在，很多家长希望把孩子送到美国去学习深造。事实上，美国的基础教育在世界上并非名列前茅，它只能排到第 28 ~ 30 位。但是，在 2000 年度，诺贝尔奖一共有 11 位获奖者，其中就有 8 位是美国人，占了一半以上。

美国的教育有自己的特点，它倡导学生主动去发现问题，鼓励学生独立思考，让学生的创造性无限制地进行释放和发挥。这种独特的教学方式，造就了大批创新人才。

了解自己想要学习什么

自主学习的第一步，就是了解自己想要学习什么。

当今社会，启发式的教学模式得到了越来越广泛的应用。这种教学方法主要就是提倡学生自主学习，积极主动寻求新知识。通常，老师在上课的时候会设置许多学生感兴趣的问题，在一问一答的互动教学中将知识传授给学生。这个过程中，学生的自主学习能力得到锻炼。学生们会真正地去发现问题，明白自己为了解决问题需要学习什么，从而养成合作与探究的学习习惯，同时，主动性和创造性也得到了发展和提高。

通常情况下，一个人的态度奠定了自主学习的基础。了解自己想要学习什么，才能致力于对这些知识的探索，为今后的成功铺平道路。

雅可比·亨利克·范霍夫是荷兰一位医学博士的儿子，他天资聪颖，深受父亲的喜爱。范霍夫爱好化学，他在德尔夫特高等工艺学校学习工业技术的时候，积极寻找一切机会主动去学习各种化学知识。

在该校任教的化学家A.C.奥德曼斯和物理学家范德·桑德·巴克胡依仁很快发现了范霍夫的化学天赋。他们辅导他更加深入地了解和探索化学知识。范霍夫更加坚定了从事化学研究的信心和决心，他明白自己已经与化学结缘，再也离不开它了。

范霍夫如饥似渴地主动学习化学知识，并以优异的成绩进入莱顿大学深造。为了提高自己的水平，他曾多次专程到柏林求教德国著名有机化学家凯库勒。凯库勒被他顽强的学习精神所感动，并推荐他去巴黎医学院的武兹实验室深造。

范霍夫经过广泛的实验和探索，提出了关于碳的正四面体的构型设想。为了搞清楚这个问题，范霍夫去乌德勒支大学的图书馆里认真查阅前人的科研成果，学习各种与自己的设想相关的化学资料。

他提出了"不对称碳原子"的新概念，后人常将这个假说看做立体化学诞生的标志。这一新理论迅速受到了世人的关注，让范霍夫成为名声大振的化学家。

1885 年，范霍夫先后获得了哥根廷皇家科学院、伦敦化学会、美国化学会以及德国研究院的多项荣誉，并有幸成为荷兰皇家科学院的成员。鉴于他在化学研究领域所取得的成绩，范霍夫当之无愧地成为世界上第一个诺贝尔化学奖的获得者。

了解自己学习的方向，确定自己奋斗的领域，这是取得成功的关键。范霍夫明白自己的学习目标定位在化学方面，于是他把自己的学习能力全部发挥在学习各种化学知识上。这样，他就掌握了主动权，并且根据自身的特点制定了具体的学习目标，通过不懈地努力，最终取得了巨大的成功。

做自己学习的主人，培养一种积极学习的责任心，把学习的态度建立在主动的基础上。在学习的过程中，不要总是依赖老师、同学以及周围其他的人，而是自己主动独立地展开学习。每个人都有自己的特点，对于自身的客观条件，要进行综合的考虑，了解自己想要学习什么——我的学习我做主！

制订学习计划，有自己的主见

虽然现在的学生要根据老师的要求进行某方面内容的学习，但是也要充分了解自身的特点，进行综合考虑，根据自身的需要，自己制订学习计划。在学习的过程中，还需要根据计划实施的效果进行适当的调整。学习具有异步性的特点，同一个班级的学生，每个人接受和理解知识的能力各不相同，因此要根据自身的情况，找出并加强薄弱环节。

每个人都有自己的个人空间，这个空间在社会的许可之下具有很大的弹性，这个弹性的大小就掌握在自己的手中。积极主动地学习，就可以充分利用这个弹性空间，变被动为主动，在充分了解自身特点的前提下，提高学习效率。一个老师要教多个学生，不可能把太多的精力投入到其中一个人的身上，他所做的，只能是放手给学生更多机会，让学生自己去创造发挥，这个过程也是学生提高自己能力的重要过程。

制订学习计划是激发学生潜能的基础，很多学生就是从制订计划开始，养成了良好的学习态度和学习习惯。制订学习计划可以让我们更加有效地规划自己的人生，向成功迈进。

事实上，一切天赋都赶不上后天的努力，而规划人生、制订自己的学习计划则可以让我们的人生蓝图更为明晰。

玛丽·居里曾两度获得诺贝尔奖。她从小就喜欢制订严谨的学习计划。正是由于这个良好的学习习惯，才为她今后的成功奠定了基础。

玛丽从小就特别爱学习，对于各种知识有着浓厚的兴趣和广泛的爱好。她在上小学的时候，各科成绩都在班里名列第一。当她从中学毕业的时候，还拿到了金质奖章。她对科学知识有着一种强烈的求知欲，而且喜欢在业余时间摆弄各种仪器。

由于家境贫困，她不能去大学读书。但是这并没有妨碍她求知的脚步。她如饥似渴地在科学的道路上探索。19岁那年，为了生计，她做了一名家庭教师。在这个重要的人生阶段，她为自己制订了一个严谨的学习计划，有步骤地开始对各种自然科学书籍进行阅读，为将来的学业做准备。与此同时，她也在积极地寻找各种求学的机会。1892年，在玛丽24岁的时候，她终于进入巴黎大学理学院学习。如果没有这几年的勤奋学习，她是很难进入这所高等学府的。

为了学到真本领，她严格制订了自己的学习时间表。每天早上，她乘坐一个小时的马车最早来到教室，这样是为了占到最好的座位——靠近讲台的位置。这样，她就可以更方便地听到教授讲授知识，也更加方便与教授进行交流。为了节

省时间和精力，经过慎重考虑，她从姐姐家搬了出来，在学校附近租了一个小小的阁楼。这里没有取暖设施，没有水，就连最基本的灯都没有。唯一的光源就是房顶上的一个小小的天窗。尽管条件艰苦，她仍一心扑在学习上。

在入学两年之后，她就在众人诧异的目光中报名参加了物理学学士学位考试。同学们都不相信她能考好，就连教授也对她报名参加考试感到不可思议。然而，她却在32名应试者中脱颖而出，成功地摘取了桂冠。而且，在第二年，她又成功地考取了数学学士学位。

研究科学离不开严谨的态度，玛丽·居里成功的奥秘也离不开她树立的长远学习目标和制订的学习计划。

我们在学习过程中，可以根据自己的情况制订一个学习计划。在制订学习计划的过程中，要懂得及时发现自己的优点和缺点，及时弥补不足，为取得理想的学习成绩打下基础。

忠  告

自己想干的才能干好

成功是多元的，并没有贵贱之分，在学生时代，自己擅长的就是最好的，也是成功的。

——诺贝尔化学奖获得者威廉·奥斯特瓦尔德

在一次清华大学的演讲中，杨振宁教授引用爱因斯坦对自己为什么选择物理而不是数学的故事为例，告诉清华的学子们："到底选择什么专业，'要看你对哪一个领域里的美和妙有更高的判断能力和更大的喜爱'；年轻人面对选择时，要对自己的喜好与判断能力有正确的自我估价。"杨振宁所说的"美和妙有更高的判断能力"的领域，就是每个人的兴趣区域。他的意思就是告诫我们，对于选择自己的专业、未来的职业发展方向，必须是自己真正想干的事，当下看起来时髦、有前景、热门的专业，并非一定适合你。

做自己最想干的事，庸才也可变天才

纳尔逊·罗利赫拉赫拉·曼德拉出生于南非特兰斯凯一个大酋长家庭，家人都希望他能当律师。但是曼德拉自幼性格刚强，他表示："决不愿以首长身份统治一个受压迫的部族"，而要"以一个战士的名义投身于民族解放事业"。他认

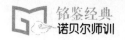

为追求民族解放才是自己最想干的事情。经过奋斗，曼德拉成为南非第一位黑人总统。还写了很多著作，主要有：《走向自由之路不会平坦》《斗争就是生活》《争取世界自由宣言》《自由路漫漫》。他一直在为废除南非种族歧视政策作出努力。1991年，联合国教科文组织授予曼德拉"乌弗埃－博瓦尼和平奖"。

曼德拉的成功，说明平凡人一旦找到自己的智能的最佳点，使智能潜力得到充分的发挥，便可取得惊人的成绩。

据说，有一次，爱因斯坦上物理实验课时，不慎弄伤了右手。教授看到后叹口气说："唉，你为什么非要学物理呢？为什么不去学医学、法律或语言呢？"

爱因斯坦回答说："我觉得自己对物理学有一种特别的爱好和才能。"这句话在当时听着似乎有点儿自负，但却真实地说明了爱因斯坦对自己有充分的认识和把握。

人生成功的诀窍在于经营自己的个性长处，经营长处能使自己的人生增值。在学习的过程中不妨想一想，自己想干什么不想干什么；目标明确，认识自己，发掘潜在的自我，才能开始学习活动。发现了这个潜在的自我也就发现了个性，找到了成功之路。因为当一个人喜欢某事时，说明他对这种事物有着天然的理解、感悟和洞察能力，这就是个性优势。

兴趣需要持之以恒

兴趣是最好的老师，这一点毋庸置疑。学生的兴趣不仅是在学习、活动中发生和发展起来的，而且又是认识和从事活动的巨大动力。它可以使人的智力得以开发，知识得以丰富，眼界得以开阔，并会使人善于适应环境，对生活充满热情。

兴趣确实对人的个性形成和发展起到了巨大作用。

获 1967 年诺贝尔化学奖的德国化学家曼弗雷德·艾根说："兴趣是探索事物发展的动力。"他出生在德国西部鲁尔工业区的一个不大知名的小镇——波鸿，父亲是波鸿室内交响乐团的大提琴手。

在这样一个音乐家庭中熏陶成长起来的艾根具有天赋的音乐才能。从 6 岁起他就开始学习弹钢琴，经过三年多的学习，他的钢琴已经弹得很不错了。然而一个儿童的兴趣是很不稳定的，渐渐地，他失去了对钢琴的兴趣。一天，他终于向父亲说出了要放弃学习钢琴。

父亲对儿子要放弃学习钢琴的请求很不满意，这不仅是因为在一个音乐世家里出了一个不爱音乐的人，更主要的是父亲考虑到：不论学习什么，如果不能持之以恒，都很难学到真正的知识，只凭一时的好恶而轻率作出决定是很危险的。

父亲决定审慎地处理这件事，想通过这件事使小艾根成熟起来。经过反复的考虑，他同意了儿子的请求，但提出了两条十分苛刻的规定：既然不想学习钢琴，就必须完全放弃钢琴；省下的时间必须用于从事严肃的职业。

最初，这两条规定并没有使少年艾根感到困扰，从紧张而千篇一律的钢琴练习中解放出来是一种难得的自由。然而，音乐的吸引力太大了，家乡定期举行的室内音乐会使得艾根不仅能在音乐会的舞台上看到那些演奏大师们，而且可以在住地附近结识这些艺术家，交流对音乐的感受。

"不能没有音乐！"一种发自内心的痛苦开始折磨着艾根，艾根强烈地感到他需要钢琴。这时，艾根才懂得作出一个错误的决定需要付出多么大的代价！于是，他开始偷偷练习钢琴。为了展示秘密练习的成就，他向父亲提出了出人意料的生日活动建议，与家人一起演出锡伯特村钢琴奏鸣曲二重奏。演出非常成功，父亲被儿子出色的音乐才能所感动，把他送到一流的老师那里去学习。艾根以更大的热情继续练习钢琴，并多次参加钢琴音乐会。

艾根的父亲的这种做法可谓是颇费心机，一个音乐世家中出现了一个"反叛者"，不能不使他痛心。但对于儿子的选择又不能采取压制的办法，不能伤害儿子的自尊心。他深知兴趣是有一定的时间性的，这一阶段对弹钢琴不感兴趣了，并不等于对弹钢琴就永远失去兴趣。让艾根彻底断绝与钢琴的联系，或许这一强刺激能重新激发出艾根对弹钢琴的兴趣。更为重要的是，必须让儿子认识到轻率作出决定的危害性，并学会怎样才能正确地做出决断。

同样，这一小小的波折使年少的艾根懂得了人的兴趣是多种多样的，也是很容易发生变化的。我们要把某一兴趣发展成为一种技能或是一项事业，需要长期艰苦的努力；只有维持住兴趣，持之以恒，才能探索这一事物的本质所在。

兴趣广泛可喜，但忌讳博而不专

奥斯特瓦尔德从小对化学就有着浓厚的兴趣，这是他走向成功的捷径；但同时，由于兴趣上太过放任自由，也成了奥斯特瓦尔德屡遭失败的根源。

在兴趣的驱使下，奥斯特瓦尔德又迷上了照相，当时摄影技术还处在发展时期，虽然1868年已经发明了赛璐珞，但是工业生产赛璐珞胶卷还是1884年以后的事情。那时照相底板都得由摄影者自己制作，奥斯特瓦尔德就是根据当时已经发明的照相原理，自己动手制作了照相机底板和相纸。很多人都认为这不过是一时头脑发热，不会有什么结果，可奥斯特瓦尔德却出人意料地洗出了照片。这令老师和家长倍感惊奇，大家都认为他是一个极聪明而又有才干的孩子。

这些有趣的活动锻炼了奥斯特瓦尔德解决问题的能力，也养成了他钻研问题的习惯，但是并没有促进他学业上的进步。本来是五年制的中学，奥斯特瓦尔德却花费了7年时间。一年级时，他还算可以，是个优等生，从二年级开始便成了重读专业户了。广泛的兴趣和爱好使学习反倒成了"业余"的事情。

1872 年 1 月，奥斯特瓦尔德进入多帕特大学学习。虽然有了中学的教训，上了大学之后，奥斯特瓦尔德仍然对自己很放纵。幸好奥斯特瓦尔德不是一个荒唐到底的年轻人，只是他太多的兴趣爱好使他不能把时间和精力集中起来。在困境面前他振作起来，通过自学和向老师请教，他的学业有了很大的进步，最后总算混到了大学毕业证。

奥斯特瓦尔德在 1909 年获得诺贝尔化学奖。但功成名就的奥斯特瓦尔德仍然是一个我行我素、从兴趣出发的人，很难听进别人的意见，他陷入了唯心主义的泥坑，他不相信原子论。他任职的莱比锡大学也认为，他过分地把时间和精力分散到了其他方面，校方让他做出最后决断，让他把精力集中到化学上来。这样一来，奥斯特瓦尔德就很难在学校工作了。为了自由地从事他感兴趣的工作，奥斯特瓦尔德提交了辞职书，53 岁的奥斯特瓦尔德就这样提前退休了。列宁评价他说："一个很有名的化学家，但也是很糊涂的哲学家。"

从兴趣出发由此而深入钻研是奥斯特瓦尔德走向成功的捷径；从兴趣出发自由放任是奥斯特瓦尔德屡遭失败的根源。这些在上中学和大学时就充分表现出来了，只是由于他的才能和坚强意志才得以过关。

正如科学大师们所说，兴趣可以激发情感、培养意志、唤起动机、改变态度，是人生最好的老师。但学生一定要为自己的兴趣做好长期的规划，把最擅长、最适合自己发展的兴趣当做主业，集中精力去钻研它，切不可博而不专，人的精力毕竟有限，不可能成为样样精通的超人。

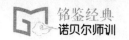

忠 4 告

学无止境，保持终生求知欲

人的内心里有一种根深蒂固的需要——总是感到自己是发现者、研究者、探寻者。在儿童的精神世界中，这种需求特别强烈。但如果不向这种需求提供养料，即不积极接触事实和现象，缺乏认识的乐趣，这种需求就会逐渐消失，求知兴趣也会与之一道熄灭。

——诺贝尔化学奖获得者梅尔文·埃利斯·卡尔文

我们现在所处的社会，是一个信息爆炸的时代，跟不上时代的人，最终会被社会所淘汰。我们在学校中学到了基础的文化知识，走向社会之后，由于工作需要，我们还要接触各种各样的专业知识，学无止境是一个人终身的任务。"活到老，学到老"是我们必须贯彻一生的原则。

从小就要善于学习

当我们在学校学习的时候，必须按老师的要求完成学习任务。各种各样的考试让我们应接不暇。为了获得满意的成绩，每个学生都会竭尽全力地学习，尤其是在高中的时候，学生的负担最重，每天都要埋头于书山题海之中。因为只有这样，才能顺利跨入大学的校门。进入大学之后，学生们的负担轻了许多，可以抽出更多的精力来做其他的事情。但是与此同时，随着环境的变化，很多学生开始放弃对知识的追求，以前的求知欲消失殆尽。当然，也有的学生会始终对知识充满兴趣，扩宽自己的知识面。

作为学生，要清楚自己与知识之间的密切关系，一定要坚持学习的意愿，时刻保持求知欲。要知道，只有让自己的大脑不断地接受新知识的滋养，才会有所进步，而且自己学习的能力也会在不知不觉中得到提高和发展。我们不可能借助他人来帮自己获取知识，因此只能靠自己。当你对知识真正地产生兴趣的时候，就会发现，原来学习也是一件非常美妙的事情。

著名的物理学家肖洛，曾经获得了诺贝尔物理学奖。在他上学的时候，老师和同学们都认为他很聪明，学习时可以轻而易举地拿到好成绩。当他考到中学的时候，居然是班里面年龄最小的一个孩子。事实上，他并不是像人们想的那样是个天才，相反，他一直在很勤奋地学习。他不像同龄的孩子那样一有时间就去玩，而是抓紧一切机会去做自己想做的事情——学习。因此，他的语言和数理化成绩在班里一直是最好的。肖洛一直对学习保持着浓厚的兴趣，从来没有放弃过对知识的追求。正是因为时刻保持着强烈的求知欲，才让他打下了坚实的基础，这是他成功的前提。

肖洛非常喜欢阅读，在大量的书籍中寻找自己感兴趣的东西。许多科学家的故事在书中都有记载，这些伟人让他着迷，成为这位少年的偶像。法拉第是肖洛最崇拜的人。这位物理学家通过简单的实验有了杰出而伟大的发现。一百多年以前，各种条件与现在相比都很简陋，但是法拉第的发现却让世人震惊，给肖洛留下了很深的印象。

如果不是肖洛勤奋的阅读和学习，法拉第和其他物理学家的事情他就无从得知，更不会在这些名人的影响下走上成为物理学家的道路。正是他从书中读到的大量物理学理论，才会为他成为一名精深的物理学家埋下了理想的种子。肖洛对

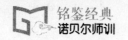
于物理学的求知欲，缩短了他与成功之间的距离。

时刻保持求知欲

狗是大家都熟悉的一种动物，它是人类的好助手和忠心的伙伴，但是很少有人会去专门研究狗的进食情况。而巴甫洛夫就从狗吃东西这一极普通的事件中，有了重大的发现。

巴甫洛夫常常去给狗喂食，他细心地观察它们的进食情况，他发现狗在用力咀嚼食物的同时，常常会流下口水。有一次，巴甫洛夫因别的事情来到了狗舍，狗见到主人之后非常兴奋，向他发出欢快叫声的同时，口水也不知不觉地流了出来。

如果是其他人，可能根本就不会注意到这个问题，但是巴甫洛夫却细心地观察到了——为什么狗不吃东西也会流口水呢？他开始不断地思考这个问题，并进行了深入的研究。最后，他终于恍然大悟。原来在当时的俄国农村，常常用铃来提醒家畜到喂食的时间了。而家畜们听到铃声，就会跑过来吃东西。巴甫洛夫首次去狗舍的时候，恰好带了喂食用的铃；再一次去的时候，却没有带。就是因为这个区别，让狗看到他之后有了不同的表现。

由于巴甫洛夫时刻保持求知欲，他并没有放过这个很平常的现象。经过细致的分析，他提出了反射概念，也就是关于大脑皮层的条件反射学说。这一学说为人类心理学与生理学的相关研究架起了桥梁，拓宽了人类的研究范围，而巴甫洛夫也因此荣获了 1904 年的诺贝尔生理学或医学奖。试想一下，如果没有时刻保持对新知识的一种强烈的求知欲，他又怎么能从平常的事物中得到获得诺贝尔奖的机会？

有很多人往往羡慕成功人士的"幸运"，事实上，他们的成功并不是因为"运气好"的缘故。我们从巴甫洛夫的身上就可以看出，很多人，包括一些专门研究动物，经常做动物试验的人，都碰到过同样的情况，但是为什么却只有巴甫洛夫一个人发现并最终获得了诺贝尔奖呢？因此，我们要向这位伟大的科学家学习，在生活中具备一双慧眼，一颗求知的心和对学习新事物无尽的热情。

学无止境，不断进取

一个人的生命是有限的，但是学海无涯，即便我们穷其一生，也只不过学得沧海一粟，所以说学无止境，我们要不断进取。

伊西多·艾萨克拉比的经历，就是一部很好的教材，可以让我们从中受到教育。他曾于 1944 年获得了诺贝尔物理学奖。

拉比生长在一个贫困的家庭。当他 9 岁的时候，情况才略有改善，他终于有机会踏入了小学的校门。拉比本来就强烈的求知欲在这里得到了释放，他对于各种各样的书籍都充满了兴趣，开始疯狂地学习。

他从 10 岁开始，就开始频繁出入图书馆。当他上中学的时候，更是给自己做了一个严谨的学习计划。每周都会去图书馆抱回一摞书，然后争分夺秒地进行阅读，每天几乎一本的看书速度让图书馆的人也很吃惊。这种读书方法很快让他的知识迅速积累到了一个常人难以企及的高度，为他今后进行科学研究奠定了坚实的基础。

拉比的刻苦是他成功的重要条件，他的勤奋和在求知路上的不断进取让自己最终成功摘取了诺贝尔物理学奖的桂冠。名人培根曾教导过我们"学无止境"，很多人都明白这个道理，却很难去执行。拉比为我们树立了很好的榜样。

美国药理学家弗里德·穆拉德博士曾获得 1998 年诺贝尔生理学或医学奖。他对人类医学上的贡献主要是因为发现一氧化氮能促进心血管扩张。提起新药"伟哥"可能无人不知，他的成功为这种新药的发明奠定了基础。这位世界级的科学家，曾专著并与他人合作了 334 部医学科学著作，获得荣誉无数。在他已经 68 岁的时候，仍没有放弃对科学的追求。当他来中国上海的时候，放弃了专门为他安排的九寨沟旅游，顾不上去欣赏东方明珠和上海滩迷人的外景，一心扑在研究上，从早 6 点一直忙到晚上 10 点，没有一刻的休息时间。"活到老，学到老"，这位享誉全球的科学家值得我们认真学习。

从社会责任的角度来讲，我们需要进行学习，历史上积累下来的科学成果，要在学习的过程中得到传承和延伸。每个人就像是接力赛的选手一样，在不断地进行传递，我们也肩负这样的责任。而且在这个接力赛的过程中，还不能把接力棒丢掉。否则，就会造成知识传播的缺失。

从个人的角度来讲，当我们在学校学习的时候，主要任务就是学习，它并不单纯指的是知识，还包括一些人生观点和看法。当我们走向社会的时候，所需要学习的东西更多。为了在这个竞争激烈的社会站稳脚跟，就必须时刻保持学习的激情，始终保持求知欲。

别让老师的偏心毁了你

即使全世界都毁灭了，正义是不能没有的。

——诺贝尔文学奖获得者罗曼·罗兰

老师是我们学习知识的领路人，这一神圣光荣的职业随着社会的发展越来越受到人们的尊敬。但是在这些从业者中，并非每一位老师都是完美的。他们也是普通人，他们的身上也有普通人所具备的缺点，我们不可能对他们求全责备，但是我们也不能沦为老师偏心之下的牺牲品。

以正确的态度对待老师的偏心

一位公平公正的老师，自然会受到学生的喜爱，但是不可能每一位老师都是公正的。从理想的角度来讲，老师应该均等地把自己的爱分给所有的学生。然而事实上，这是很难做到的，老师总会对自己特别喜欢的几个学生加以关照。

有的学生，即便没有老师特别对待也能正常的学习，丝毫不会因为老师的忽视而放松自己的学习；但是有的学生却感觉自己被遗弃了，从而产生自暴自弃的想法，并留下心理阴影，这是非常不幸的；还有的学生采取一些极端的手法，比如，讲一些粗鲁的话，做出一些无礼的举动，这样更是不明智的。

1996 年，维斯瓦娃·希姆博尔斯卡获得诺贝尔文学奖。这位大作家在童年时期也曾遭受到老师偏见的伤害。希姆博尔斯卡小时候成绩一直很好，而且是一位很活泼的孩子。她的父母和周围的人都很喜欢她。但是有一位数学老师例外，她无端地特别讨厌希姆博尔斯卡，经常在课堂上当众批评她讲话过多，没有修养。

通过仔细观察，希姆博尔斯卡发现这位数学老师喜欢的女生都具有这样的特点：她们出身于富裕家庭，穿品牌服装，外表漂亮出众……总而言之，数学老师实质上是一个很势利的人。

明白了这一点之后，希姆博尔斯卡不再伤心。虽然自己相貌平平，没有显赫的家世，但是却具有自己的优点。她并没有因为老师的偏见而丧失信心。这件事如果换了别人，可能会当做一件相当糟糕的事情，但是并没有给希姆博尔斯卡留下心理阴影。她一直相信只有个人付出努力奋斗才会成功，最后的事实证明，她的想法是对的。

在上述的故事中，我们可以清楚地看到，在数字老师的眼中，家庭条件优越的孩子才是好孩子，穿着打扮时尚的孩子才会有修养，这说明她的见识浅薄，她的那些标准不能成为判断学生优劣的标准。

老师偏心的根源往往是学生背后的家世和阶级背景，而不是学生本人品质不好，但是这种想法通过现实生活表现出来时，却上升到了对学生品质的评价。因此当她说希姆博尔斯卡没有修养的时候，实质是因为这位学生不具备有钱有权势的家庭背景。

希姆博尔斯卡很聪明，她避开老师对自己施加的影响，同时尽力去发现自己身上的优点，并将这些优点发扬光大。

我们不可能讨所有人的喜欢，因此也就不可避免地会受到不公平的待遇。这时，我们的容忍度就开始发挥作用了。做一个心胸开阔的人，宽容老师的偏见，忽视老师的责难，我们就距离成功更近了一步。

如何避免偏袒的负面影响

毫无疑问，偏袒是客观存在的，它并不因为我们的刻意回避而远离。因此我们要学会避免来自偏袒的伤害。

我们首先要学会分析老师偏心的原因。一个人不可能无缘无故地喜欢你，当然，也不会无缘无故地讨厌你。老师也是如此，他们的喜欢和厌恶也是有理由的。有的老师比较喜欢女生，这一点在两位教育家布鲁菲和埃弗特森的研究过程中都得到了证明。不过世界上没有绝对的事情，也有的专家提出学校对于男生更为优待一些，比如，美国大学女性协会 (AAUW) 的研究就得出了这样的结论。

女生通常情况之下性格比较温顺，喜欢听老师的话，不会给老师添麻烦，因此受到偏爱也无可非议。男生也有其自身的优点受到老师的喜欢。我们不可能改变自己的性别，但是我们可以决定自己努力去具备这些优点。不同的老师有不同的观点，但是我们相信，一位受到很多老师喜欢的人，必定具备相当多的优点。

我们要学习他们身上的闪光点，提高自身的素质，这样就会慢慢改变老师对自己的看法，与此同时，也避免了偏见的伤害。

拒绝偏见，做到坚强自信

爱因斯坦小时候并不是老师眼中的聪明学生。有一次，老师让学生们交上手工作业。爱因斯坦拿出了一只丑陋的小板凳，这只小板凳立刻成了老师嘲笑爱因斯坦的理由。老师当众对同学们说，爱因斯坦做的小板凳大概是世界上最糟糕的东西了。

爱因斯坦不慌不忙地站了起来，拿出来两个更难看的小凳子说："虽然这是只丑陋的小板凳，但却是我亲手做了三次，才做出来的。你看我是不是已经取得了进步，这第三只小板凳比那两只好看多了。"但是这位对爱因斯坦有偏见的老师，送给自己学生的却是嘲笑的眼神。

若干年之后，爱因斯坦被评为百余年来诺贝尔奖的获得者中最受尊敬的三位获奖者之一。小小的爱因斯坦坚强自信，对老师的偏见不愠不恼，而是敢于从这件事中挖掘出自身的优点，用实际行动证明老师的看法是错误的。

试想一下，如果当时爱因斯坦屈从于老师的偏见，恐怕这个世界上就少了一位伟大的科学家。俄国著名的诗人学者亚历山大·谢尔盖耶维奇·普希金小的时候，也碰到了一位对他有偏见的老师。

当时他在距彼得堡不远的皇村学校上学。当数学老师讲课的时候，发现普希金一直在埋头写着什么东西。他很生气，把这位学生叫了起来。

"你上来把这道题演算一遍。"

普希金只好走到了讲台上，把这道题做得一塌糊涂。老师生气地说："你肯定是没有注意听我讲课。你刚才在纸上写什么？"

普希金不好意思地拿出来一张纸条，红着脸说："是一首诗。"老师看了看纸条，嘲笑他说："像你这么笨的学生只会考零分，又怎么会写诗呢？"老师说完，引起学生们的哄堂大笑。

其实，普希金是在老师上课的时候突然有了灵感，再加上他对于诗歌的着迷，就忍不住写了下来，却受到了老师的批评。老师没有根据他的兴趣加以引导，反而对他充满了偏见。但是普希金并没有因此而放弃对诗歌的追求。他坚信自己有朝一日定会写出人们喜爱的作品。

1814年，15岁的普希金写的一首《致诗友》发表在了彼得堡《欧罗巴导报》

上面，获得了读者及专家们的认可。当长篇叙事诗《叶甫根尼·奥涅金》写成时，普希金更令世人震惊。俄国当时的著名文学批评家别林斯基给予了高度评价，他称这部书为"俄国生活的百科全书"。

普希金比较幸运，没有在老师的批评之下放弃对文学的追求，老师的偏见没有对他产生太大的伤害。最后，他成功了。

由此可见，当我们受到不公平的待遇之后，在检讨自己的基础之上，一定要坚强和自信，不能自暴自弃。

大多数学生都能觉察出老师对自己的看法。老师的态度也许或多或少具有主观性，有时甚至存在着误解。这时，就需要我们与老师尽可能地进行交流，改变老师对自己的看法。这样一来，就会为自己争取到公平竞争的机会，也许通过你的努力，老师会发现自己以前的想法是错误的，从而试着接受和喜欢你，为你的学习提供更大的帮助。

当然，有的老师可能会坚持不公平地对待自己的学生，固执己见。这时，我们就要对老师提出的意见认真分析，"有则改之，无则加勉"。当老师对自己进行武断的指责，却又没有什么充分的理由时，我们就要格外小心，不要被他们的意见所误导，更不要失去信心，否定自己。这时，我们应该理直气壮地告诉自己——走自己的路，让他们说去吧。

并非每一位老师都是圣人，这一点，我们一定要牢记。拒绝偏见，将会让我们走出人生的阴影，自信地走出美丽的风采！

忠 *6* 告

敢于挑战老师的权威

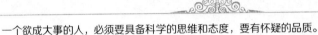
一个欲成大事的人，必须要具备科学的思维和态度，要有怀疑的品质。

——诺贝尔化学奖获得者西德尼·奥尔特曼

科学的态度应该是相信事实而又不迷信于人类已有的知识，更不迷信权威。事实上，人的认识就是在不断地否定的基础上逐渐完善起来的，人的认识也是在这一过程中一步步地接近客观真理。因此，作为一名学生，应该具备勇于怀疑的品质。

人无完人，老师也有犯错的时候

如果我们发现自己的老师有错误的时候，要记住别轻易忽略它们，这可能是帮助我们进步的极好机会。

1945年，年轻的中国学生杨振宁来到美国芝加哥大学，拜1938年诺贝尔物理学奖获得者、意大利著名物理学家费米为师，攻读博士研究生。起初，杨振宁受费米的影响，想从事实验物理学的研究。但杨振宁并不擅长做实验，经常手忙脚乱地捅娄子。当时他所在的实验室有一句戏言："哪里有爆炸声，哪里就有杨振宁。"

这时，著名理论物理学奖获得者、"氢弹之父"泰勒了解了杨振宁的情况，他发现杨振宁的特长是进行理论研究，于是劝杨振宁改变研究方向。杨振宁经过了两天的深思熟虑，接受了泰勒的建议。此后，杨振宁的研究生学业主要是师从泰勒完成的。

泰勒是一个很有特点的导师。按照杨振宁的话说：泰勒每天都会产生几十个关于科学的新想法，并在授课时把各种想法都讲出来，然后想尽办法去论证它们。由于这其中90%以上的想法是行不通的，所以他在论证时经常会困在维谷之中，绞尽脑汁也无法自圆其说，在学生面前颇有几分尴尬。

像泰勒这样的导师是不多见的，有的人认为导师的不成熟想法对学生毫无意义，许多当老师的人也不愿意在学生面前出丑。但杨振宁却感到自己受益匪浅，因为从中可以了解一个科学家的创新性思维是怎样产生、又是如何论证的。

善于发现学生的特长与不足，能够把创新性研究的方法教给学生，这才是真正的"明师"。正是在泰勒的指导下，杨振宁打下了从事理论物理学研究的坚实基础，成长为一名卓有成就的科学家，并荣获了1957年诺贝尔物理学奖。

由于学生对老师都会犯的错误印象特别深刻，所以当老师出错的时候，要把注意力从嘲笑和冷漠中转移到学术上，我们要尽量避免同样的错误。

日本化学家，1981年诺贝尔化学奖获得者福井谦一说："科学的发展在于创新、不迷信权威。"年轻人要成才，既要勤奋，又要聪明，一定要学会独立思考，不要人云亦云，更不能过于迷信老师，因为老师也是人，都有可能犯错的时候。

敢于大胆怀疑与追求

德国化学家诺贝尔化学奖获得者曼弗雷德·艾根的恩师阿尔诺德·欧肯是当时物理化学界著名的学者，物理化学课也是艾根在校时最喜欢的学科。艾根非常敬佩老师，也很尊重他的学术观点，但这并不等于就完全同意他的论点。

在上学时，艾根就知道液相中化学反应的速度极快，在欧肯写的教科书中把这种速度描绘为快得无法测量。艾根对于这个论断产生过怀疑，认为不能盲目接受。为什么无法测量？是本质上就不可测量，还是当时的测量方法无法测出来？是否应该寻找一个新的测量方法？艾根把解决这个问题作为自己的任务。

经过反复的研究，艾根发现，过去测定快速反应的方法限于当时的技术水平，测量的灵敏度较差，观察反应时间只有千分之十秒。而分子中一些原子的运动频率每秒约为 10 亿次，反应时间可以短到百万分之一秒（1 微秒）到 1 毫微秒，这当然很难测定。艾根终于找到了他怀疑老师论断的关键所在，于是开始了艰难的试验过程。

艾根准确的判断能力在此时得到了体现。他认为一般动力学实验中所用的反应物混合法，不能测出快速化学反应的速度，这是因为它本身所需的时间比化学反应的时间要长得多。艾根根据自己已往的知识和经验，大胆地做出了一个设想。经过多次实验，艾根证明了这一设想的正确性，这就是他创立的著名的"弛豫法"，也叫松弛技术，这种技术把测定快速化学反应技术推向了一个新阶段。

艾根使用所发明的这项技术，还成功地解决了许多科学难题。这种方法，经过不断改进，能对在 10^{-8} 秒时间内完成的极其快速的反应进行观测和研究。他的研究成果对如何用人工方法引发和控制各种快速的化学反应，如气体的燃烧和爆炸、光合成与光分解以及高分子的聚合反应等都具有重要意义，还可借助各种现代仪器设备的帮助，如快速跟踪技术等，对瞬间即逝的变化过程和反应机理进行深入研究。为此，他获得 1967 年诺贝尔化学奖，他的科学研究成果得到全世界的承认。

科学思维的一个突出特点是批判性，也就是要有怀疑有追问，不满足于现成的结论，对具体的结论和判断怀有一种不贸然取信的态度，总要提出一定的疑问，而且是要追着问，一层一层地追问。

强调追问、追着问，重点是一个"追"字。我们对于许多理论或观念，如果感到不理解，没弄清楚，自然会提出疑问，但往往缺乏的是"追着问"、刨根究底地问。满足于一知半解和比较肤浅的理解，这是一种很不好的学习习惯。当然，敢问是一回事，能问会问是另一回事，它是与一定的素养相关联的。素养不够，相关的东西知道得不多，了解得不透，往往是提不出高质量的问题的。

自己敢于怀疑和追问，是增长学识的一个重要方面。另一方面，还要欢迎别人对自己持有的观点和理论的怀疑和追问，能虚心地接受别人对自己观点的批评和批判。有一些人，自己确实敢于怀疑和追问，又勤于学习，在理论上作出了一定的成就，提出了一些有价值的见解，但一旦感到自己有些"地位"和"分量"了，就不大容得了别人对自己的怀疑和追问，不能虚心地接受别人对自己的批评和批判。不是把别人的追问和批评当做自己反省理论、完善理论的契机，而是看做对自己的轻视和挑战，陷入了故步自封的境地。我们在理论上的一些争论之所以后来演化成为意气之争，就是与这种心态有关的。

突破和超越老师的权威

还有一个敢于向权威发起挑战的是 1989 年诺贝尔化学奖获得者托马斯·切

赫。长久以来，在关于生命起源的问题上，有一个类似于"先有鸡还是先有蛋"的争论焦点——标志地球上生命诞生的最早的生物高分子究竟是蛋白质？还是核糖核酸(RNA)？

美国生物化学家萨姆纳是最早证明酶是一种蛋白质的科学家，他因此而荣获了1946年的诺贝尔化学奖。由于酶具有催化细胞分裂的功能，因此萨姆纳的发现使生物学家们认为：在生命最初诞生的那一刻是先有蛋白质，然后才有携带遗传信息的核糖核酸。此后，这一观点作为生物化学的一条基本定论，长期统治着生物学界。

到了20世纪80年代初，一位三十多岁的美国化学家向这条定论、也向全世界的生物学权威们发起了挑战。他以自己的发现证明：核糖核酸同样具有像酶一样的生物催化作用，因此最早最古老的生物高分子应当是不仅具有携带遗传信息、而且也有催化功能的核糖核酸分子。这个当时名不见经传的年轻人名叫托马斯·切赫。

切赫小学和中学的学习成绩在学校总是名列前茅。后来以优异的成绩考入大学，学习物理化学专业。大学毕业后攻读研究生时，他转而选择分子生物学作为自己今后的研究方向，并取得了博士学位。

1981年至1982年，切赫在实验中发现：一种特殊的核糖核酸(RNA)具有分裂并重新组合其自身结构的功能——"自我分裂"的过程。这是人类第一次发现核糖核酸具有像酶一样的生物催化功能的实例，由此可以证明是核糖核酸导致了地球上第一个生命体的诞生。这是一个轰动世界生物学界的重大发现，它彻底推翻了以往关于生命起源的定论。

当切赫得出这一结论并向世人公布时，他的心情就像童年时发现了一块罕见的岩石标本一样激动、兴奋。尽管当时生物学界的权威们一时还难以接受这个年轻人的新观点，但这反而更加激发了切赫对自己的研究课题的热情。几乎与切赫同时，远在美国耶鲁大学的加拿大分子生物学家西德尼·奥尔特曼也获得了同样的发现。由于这一研究成果，切赫和奥尔特曼共同荣获了 1989 年诺贝尔化学奖。

在探索原子结构的过程中，有四位学生，每位学生都对老师的观点提出了挑战。最后汤姆森发现了电子，提出了原子是可以分割的；卢瑟福提出了原子的行星模型；玻尔把量子论引进了原子的结构模型；海森堡提出了测不准原理。

可以看出，几乎所有诺贝尔奖获得者的科学大师都有坚持自己的直觉和敢于向权威提出挑战的美德。用科学巨匠的话说，"在科学的道路上，没有怀疑，就没有探索；没有探索，就没有突破；没有突破，就没有发展。"

教师作为知识权威的代表，意味着是我们在突破传统方面的第一道门槛，如果我们能够成功地克服对权威的恐惧，走过去，以后面对的将是更加广阔的知识大海；如果在第一道门槛就产生了畏难情绪，就怯懦了后退了，那么在以后的道路上，我们就会丧失求知的勇气和动力。

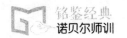

忠 7 告

学一切对自己有用的

只有当知识变成精神生活的因素，吸引人的思想，激发人的兴趣和热情的时候，才能称之为真正的知识。这样一条规律才开始起作用：一个人的知识越多，他去获取新的知识就越容易。

——诺贝尔文学奖获得者艾尔弗雷德·耶利内克

我们要学习一切对自己有用的东西，古人常说"学以致用"，讲的就是这个道理。

相信大家都听说过屠龙之技的典故。古代，有一个人特别想学一种让世人惊叹的技艺。经过多方打听和慎重考虑，他选择了屠龙技作为学习目标。后来，他听说支离益是屠龙大师，于是跑去拜人家做了师傅。这个人刻苦地学了三年，把家产耗尽，终于把杀龙的本事学会了。但是他学会又有什么用呢？在这个世间，根本就没有龙的存在，即便他的本领再精妙，又上哪里一展风采呢？

现在社会竞争很激烈，实用复合型人才是当今社会所需要的。因此，只有学习一些实用的技能和知识，才有可能在社会中站稳脚跟。

努力学习自己感兴趣的知识

在学习过程中，兴趣是第一要素。只要是自己喜欢的事情，往往会让我们乐此不疲，收到事半功倍的学习效果。而且有的兴趣还可能影响我们的一生，对未来产生深远的影响。那么怎样才能用兴趣来带动我们的学习呢？

如果学生得不到家长或老师的兴趣引导，有可能就会走到偏科、厌学的方面去了，因此，学生自己也需要把握好方向。

生活就像万花筒一般丰富多彩，不同的人有各自不同的理解，生活方式也各不相同。同样的一件事，仁者见仁，智者见智。每个人都有自己不同的兴趣，有的人喜欢琴棋书画，有的人喜欢歌曲舞蹈，还有的人喜欢收藏各种古董……

"人无癖而不立"，一个有着广泛兴趣和爱好的人，必定是一位热爱生活的人。当我们为了自己的兴趣而学习的时候，必定会处于一种充实、轻松、愉悦的感觉当中，自然也会收到良好效果。

美国物理学大师道格拉斯·奥谢罗夫教授曾获得诺贝尔物理学奖。当他应邀访问中国西安交大附中的时候，曾经在该学校做了精彩的科普报告。他在报告中指出，如果从事研究的话，一定要挑选自己感兴趣的东西。

道格拉斯·奥谢罗夫在读博士的时候，对物理实验着了迷，从此之后一发不可收拾，以极大的狂热情绪投入到研究中去。

后来，他开始专注于对氦三的物理实验研究。道格拉斯常常沉醉在实验中忘记了时间，有时当他想起要回去的时候，才发现已经是凌晨两三点了。为了更好地进行实验，他常常亲自动手改装实验仪器，把它们做成自己认为最有用的东西。在这个过程中，他享受到了极大的乐趣。"一定要挑选自己认为最有意义、最有价值的东西去学习和研究，否则，你绝对不会花几年、甚至几十年的时间去做它。"这是他在西安交大附中讲话时告诫同学们的话。

道格拉斯的经历告诉我们，当我们树立学习方向的时候，一定要选择自己感兴趣的目标，只有这样，才会矢志不移地坚持下去。几年甚至几十年的研究，有

兴趣相伴，一定会走得更远，也更容易出成绩。

做好人生规划，学习对自己有用的

有的学生，就连自己也搞不清楚要学哪些东西。这种态度其实是一种让人感到苦恼的精神状态。事实上，学生在学习的过程中表现得落后并不可怕，可怕的是他的学习态度。如果他对学习不感兴趣的话，就会表现得消极冷漠，这样是非常不利于今后发展的。

只有树立了明确的目标，人生才不会让我们感到茫然。每一个人都要做好自己的人生规划，都要有自己的理想，而目标的制定就要围绕那些对自己有用的知识进行。

如果你的目标是争取当上奥运冠军，那么学习时就要选择适合自己的体育项目，从小开始练习。多练习一天，就离自己的目标更近了一点儿。而艰苦的训练对你来说是必要的，学习各种训练的技能对你来说是最有用的，这也是你的精力需要投入的地方。

人生的目标因人而异，不同的人有不同的选择方向。有些人的目标是模糊不清的，现在有很多的人就是这样，对自己没有一个具体的人生规划，不知道学习哪些对自己有用。

《成就心理学》的作者布莱恩·德雷西这样说道："权威的研究表明，不足3%的美国人制订过目标，而每天检查并重新修订目标的人不到1%。"

从客观上来讲，做好人生规划并不是伟人或者名人的专利，它也不是上天赐予某些人的特权，而是每一个人都能掌握的一种技能。

有许多人一生平庸并不是因为自己没有成功的潜能，而是因为他们不愿意规划自己的未来，仅仅触摸到自己潜能的表层，并没有深入下去，那么与成功无缘就是很自然的事情了。

查尔斯·F·凯特瑞曾经讲过："我的兴趣在于未来，因为我剩下的岁月会在未来中度过。"这句话说明了向前看的重要性。他就是因为对人生进行了合理的规划，才变得杰出且与众不同。他曾发明过汽车自动器和其他许多工业装置，为社会作出了巨大的贡献。

我们做人生规划的时候，在确定对自己的发展有利的基础之上，一定要设定具体的行动目标。我们不需要制定很多目标，只要目标明确，几个就可以，最重要的是，它一定对你有用，而且具体可行！

合理支配自由学习时间

在学校学习的时候，有很大一部分时间是属于我们自己可自由支配的。那么我们如何去利用它们呢？让我们来看看乔丹是怎么做的。

乔丹·琼斯在上高中的时候加入了橄榄球队。他很喜欢玩，常常跟朋友们四处逛，当时他和自己的队友一样，都盼着放假。乔丹·琼斯的成绩平平，有时也会得到一个"A"让家人高兴几天。他在学习上并不出色，但是总的来说也不算太糟糕。

一场大雪不期而至，交通受到了影响，学校不得不临时放了几天假。乔丹常常和伙伴们去外面玩，享受下雪带来的乐趣。不过与众不同的是，他从来不会因为贪玩而放弃学习。虽然朋友们硬拉着他留下，但是却没有一次得逞。

每当球队有活动的时候，乔丹总是会按时参加；学校的功课对于他也同样重要，就算再忙，他也从来不会落下功课。虽然他不是一个学习成绩最优秀的学生，

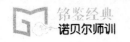
但是他却有自己的学习原则，他懂得如何去合理支配自己的学习时间。

乔丹决定为进入大学做出最大的努力，在他看来，进入高校就能接受更多的教育。他是这样计划的，也是这样执行的。无论有什么事情，都不能阻止他执行自己的人生规划。最终，由于乔丹的成绩良好，他所申报的三所大学都同意录取他，为自己今后的发展提供了更好的空间。

现代教育更强调要减轻学生们的负担，加大他们的自由程度。但是不管如何，学习必定要强调自我约束能力，如果把自己的时间浪费到玩电脑游戏这类事情之上，今后你一定会觉得可惜。做学生的生活其实是人生中非常幸福的一段时光，如果你把它全部用来享受的话，迟早是会后悔的。乔丹明白这一点，因此他学会了如何合理地去安排自由学习时间。

人的天性是贪玩的，学生们有时更渴望去电脑上玩游戏或者去和同学们一起踢球，有时候与女生约会好像也是不错的选择。但正确的做法是我们要合理支配自由学习时间，给自己订一个计划，避免时间无谓的浪费。当自己的任务没有完成的时候，这个计划会提醒你："在去玩球之前，请花一小时来完成作业吧，这样就不会在考试的时候愁眉苦脸的了。"当心理暗示反复出现的时候，就会形成一个习惯，慢慢地锻炼出自控能力，这种约束虽然让我们损失了眼前这段快乐的时光，但是从长远来看，会给我们的人生带来难以估量的益处。

我们要制订适合自己的计划，合理支配自由学习时间，把功课放在最重要的位置，学习一切对自己有用的东西。在这样做的同时，我们已经为自己的前进道路扫清了障碍。若干年后，你会发现当初的决定对自己来说是多么明智。

忠  告

创造力是学习的生命力

要是没有独立思考和独立判断的有创造能力的个人，社会的向上发展就不可想象。

——诺贝尔物理学奖获得者爱因斯坦

创造力是世界上最宝贵的精神财富，人类的不断创新促进了社会的发展和进步。如果没有创造力，也许我们今天还生长在原始森林里以狩猎为生。

如果要想取得杰出的成就，那么你就要有与众不同的想法，付出比常人更多的努力，而不能只是满足于现状。要学会从不断的学习中提炼出自己独特的想法，创造与众不同的新事物。

法国的著名学者狄德罗就曾经说过："知道事物应该是什么样，说明你是聪明的人；知道事物实际是什么样，说明你是有经验的人；知道怎样使事物变得更好，说明你是有才能的人。"这句话形象地说明了创造力的重要性。

创造力源于独立思考

很多的发明家小的时候都喜欢多问几个"为什么"。他们对身边的一切事物都充满了好奇，事实上，就是这种"好奇"把他们带上了通往成功的道路。当好奇引发怀疑和思考的时候，创造力就会不知不觉地来到你的身旁。独立思考是创

造力的源头，也是产生新鲜事物的催化剂。

我们都知道，一个孩子如果喜欢独立思考，勤于动脑，那么他一定会进步非常快，只有肯动脑筋的孩子才会变得越来越聪明。如果能够发展自己的想象力，积极进行探索，养成勤学好问，主动思维的习惯，那么你就拿到了开启成功之门的钥匙。

老师在课堂上最不喜欢这样的学生，他们常年坐在课堂上被动地接受老师传授的知识，从来不会主动积极地去思考。时光一天天在他们的身上流逝，到毕业的时候，依旧没有太大的收获。这样就会让一个人的创造力渐渐消失，从而失去了独立思考的能力。这样的人以后无论到什么地方，无论做什么工作，都不会取得太大的成就。因为他把自己最宝贵的思考能力弄丢了。

一个人要想有所进步，那么一开始就要在思考领域成为劳动者。瑞士的心理学家皮亚杰说过："智能训练的目的就是要造就智能的主要探索者。"由此可见，独立思考是提高智力的必要手段。爱因斯坦也曾经说过："我们体验到的一种最美好、最深刻的情感，就是去探索奥秘的感觉，谁缺乏这种情感，他就丧失了在心灵的神圣的战栗中如痴如醉的能力，他就可以被人们认为是个死人。"如果失去了独立思考的能力，就可能会陷入可悲的境地。

只有依靠独立思考，才能用它来驾驭学习，获得同学们敬佩的目光。独立思考将成为点燃创造力的火花，让我们的生活和思想从现实中得到升华，然后把课堂上的知识消化吸收，融会贯通，并为自己的学习打下良好的基础。一个生活在自己独立思考世界的人，将会变成伟大的人。让思考在自己的头脑中占有关键地位，我们就会发现其实那些所学的东西并没有原来想象的那么复杂。这样一来，我们才能顺利地学习，久而久之就会发现，独立思考将成为一种最主要的精神需要。

如何才能拥有创造力

有的人会问："我们怎样才能拥有创造力呢？"其实这并非一件特别困难的事情，每一个人从孩童时代开始，就拥有求知好学的能力，对周围的一切都充满了好奇，只要再用独立的思想加以发挥，那么拥有创造力便是水到渠成的事情。

很多获得杰出成就的人，就是由于频繁的思考才引发了创造的火花，从而获得了成功。伽利略就是这方面的典范。我们都见过有摆时钟吧，也许你并不知道，就是伽利略发明了这些有摆时钟，人们亲切地称之为"伽利略钟"。

当伽利略 18 岁的时候，需要每周都去比萨大教堂做祷告。当时教堂里悬挂着许多长明灯，当风吹过来的时候，它们就会轻轻地左右摆动。这是一种很平常的现象，没有人会去注意。但是伽利略却认为这是很有意思的事情。经过细心观察，他发现这些长明灯的摆动是有规律的。

伽利略感觉这些长明灯的摆动往来的时间有可能是相等的。为了验证自己的想法，他用自己的脉搏来计算摆动的时间。当长明灯摆到左边的时候，他就开始计数了："一次、两次、三次……"同样，当它摆到右边的时候，也是如此。专注的计数让他忘记了自己来教堂的目的。最后，他发现自己原来的想法是正确的，这些长明灯每次摆动的时间是一致的。

后来，人们把他的这种发现叫做"摆的等时性定律"。伽利略根据自己的想法画出了一座时钟的模型，把"等时性"的原理应用到了这上面。后来，荷兰的物理学家惠更斯无意中发现了伽利略的这份图样，引起了他浓厚的兴趣，当时伽利略已经去世了。不过这份详细的报告却让惠更斯做出了世界上最原始的有摆时钟，从此，人们才有了时间的具体概念。

他发明这些东西的时候，还仅仅是一名学生。可以说，是独立思考引发了伽

利略的创造力，以致后来让他成为一名伟大的发明家。

我们要从小就学会养成凡事多问几个"为什么"的好习惯，培养自己独立思考的能力。只有在自己的头脑中产生对于知识的渴望，知识才会向你展示它的迷人魅力。当你独立思考的时候，你就会发现，其实这是一件多么有趣的事情啊。它会让你感觉到无法言喻的美妙，让你着迷，并深深地投入其中，获得无穷的乐趣。

创造力是学习的生命力

创造力根植于原来的基础知识当中。只有通过学习积累了丰富的知识，并且把这些知识消化吸收，变为自己需要的东西，才会有新的东西产生。创造力之所以让学习充满生命力，主要体现在它对学习的推动作用上。

对于学生来讲，学习是为了给今后的工作做准备。知识的积累是开展各种研究的基础。无论将来从事化学、物理、天文等哪一方面的研究，积累知识是必要的准备。

要想有创造性地完成各种活动，那么首先就要集中精力去获得各种知识。对于学习知识的目标，可以根据自己感兴趣的方面进行合理的选择。

"任何科学研究，最重要的是要看对自己所从事的工作有没有兴趣，换句话说，也就是有没有事业心，这不能有任何强迫……比如搞物理实验，因为我有兴趣，我可以两天两夜、甚至三天三夜在实验室里，守在仪器旁，我急切地希望发现我所要探索的东西。"这句美国著名华人学者、诺贝尔物理学奖的获得者丁肇中教授的名言就很形象地说明了这一点。感兴趣的东西，才会吸引我们全部的注意力，从而以百倍的热情去面对和学习它，而这种热情就成了拥有事业心的基础。正是丁肇中教授的事业心才让他立志从科学研究中闯出属于自己的一片天空，最后，他成功了！

学习让我们打好了发挥创造力的基础，而创造也会去改变我们的人生。在这个世界上，天才并不多，大多数人都是普通人。但是这些普通人如果能够拥有创造力，那么将会脱颖而出，与众不同。一个人的成就，离不开他用大脑进行思考。机器只有保持运转才不会生锈，人的思维能力也是通过积极的锻炼才会越来越灵活。一个不断进行思考的人，将会变得越来越聪明。只有高速运转的大脑，才会创造出奇迹，而学习的生命力长盛不衰，才会让创造性的奇思妙想在我们的大脑中出现。

忠 *9* 告

处处留心皆学问

多看、多学、多试验，如取得成果，绝不炫耀。学习和研究中要顽强努力，一个人如果怕费时、怕费事，则将一事无成。

——诺贝尔化学奖获得者威廉·拉姆塞

在知识的海洋里，我们穷其一生也不一定能学到它的万分之一。知识无处不在，处处留心皆学问。其实很多发明创造的开端就是从日常生活中一些很寻常的事物开始，然后经过科学家们的思维创造而问世的。

学习无处不在

也许我们看到过烧水的时候水蒸气从壶嘴中飘出来，但是我们是否曾细心观察了这个过程呢？瓦特小的时候，也曾看到了和我们看到的一模一样的现象。这个故事可能尽人皆知。

当时瓦特看到火炉上的水烧开了，壶口冒出了很多水蒸气，而且把水壶盖都顶开了。壶盖反复被水蒸气顶起又落下——这一有趣的现象被小瓦特看在了眼里，他想找出其中的原因。后来，他才明白这其实是蒸汽的作用，于是他对蒸汽产生了浓厚的兴趣。

在瓦特之前，虽然就已经有了纽科门蒸汽机的发明，但是在当时应用并不是很广泛。是瓦特把对蒸汽的兴趣转移到了蒸汽机上，最终对它进行了重大的改进，从而使蒸汽机的效率得到了很大的提高，并得到了更广泛的应用。瓦特对于人类所作的贡献是非常大的，因此后世人们尊称他为"工业革命之父"。

在日常生活中学习知识的机会随处可见。萤火虫为什么会发光，小草为什么是绿色的，星星为什么会移动位置……这些事情每一件都值得我们进行深入的思考，去探索其中无穷的奥秘。

下面讲一个在学校里发生的故事。

教室里门口附近的墙壁上贴着一幅人体解剖图，上面是人体重要骨骼的名称和位置。同学们每天都从这幅图的前面经过，但是大家都习惯了，平时没有人会去多看它一眼。但是当考试的时候，老师把这幅图收了起来。

当学生们打开试卷的时候，惊讶地发现，试题居然是一幅骨骼图，要求同学们把人体重要骨骼的名称正确地填写在上面。有的同学感觉很委屈："老师，您从来就没有教过我们这方面的知识啊。"

老师语重心长地说："这些知识在墙壁上挂了足足有半年，你们每天都从它的面前经过，为什么想不到多看看呢？"

可见，如果不留心，即使是摆在我们面前的知识，我们可能也学不到。如果对于生活缺乏足够的关注，那么就一定会受到"损失"。这个"损失"在当时并不明显，但是一旦我们遇到这方面知识的应用时，就会感到力不从心，后悔不已。书到用时方恨少，很多人的这种毛病也许就是这样造成的。

观察是创新的起步器

很多人看到了那些诺贝尔奖获得者的成功和所获得的荣誉，但是却很少有人注意到在现实生活中，他们是如何细心观察的。要想有所创新，如果没有细心的观察做基础，很可能只是一句空谈。

瑞利小时候就是一个很善于观察的孩子。对于他来说，日常生活中的每一件事情都充满了无穷的乐趣。有一些别人习以为常的事情，他却要细细探究其中的奥秘。

每当家里有客人来的时候，妈妈常常沏茶来招待客人。当她把茶杯放在碟子里端给客人的时候，杯子很容易滑出小碟子，而茶水也会溅出来烫着手。

小瑞利平时就很善于观察，他发现如果茶水洒出来一点儿之后，茶杯就很容易老老实实地粘在碟子上了。这个问题引起了小瑞利的兴趣，他开始反复地验证和钻研这些问题。他找来一套茶杯和碟子开始做试验。他发现看上去很干净的碟子实际上并非如此，上面总是会有人眼难以察觉的油渍。当茶杯放在上面的时候，由于这些油让杯子与碟子之间增加了润滑力，从而茶杯很容易在上面滑动。当茶水洒在碟子上的时候，因为茶水是热的，因此油渍会溶解消失，这样的话，摩擦力就会大大增加，茶杯就不会再出现滑动的现象了。

接下来，瑞利又开始研究油和固体之间的摩擦关系。经过多次反复的试验，他发现如果增加用油量的话，会让物体之间的摩擦变小。如果说发现物体之间的摩擦是他的幸运的话，那么对于摩擦力的深入研究和思考，则是他思维活跃和踏实求学态度的集中体现。善于观察，勤于思考，这些优点最后成就了瑞利的事业。长大后，他成了一位著名的物理学家，并获得1904年的诺贝尔物理学奖。

在日常生活中，我们要学会细心观察，大脑时刻都要绷紧学习知识这根弦。

我们可以准备一个小本，当出现新的想法或问题的时候，就立刻记下来。如果不懂的，就要随时请教别人，这样才会有进步。

生活中一切事物都有值得观察的方面，如果细心，就会有很多的发现，只有不断地创造灵感，才会成功。

多看、多学、多试验

一个人成功的原因是多种多样的，但是却离不开多看、多学和多试验，这些因素是成功的基础。

1852 年 10 月 2 日，拉姆塞生于英国的格拉斯哥。他小的时候，特别喜欢音乐，爱好读书和收藏书，对于大自然也有一种极为亲近的感觉。当时每周他总是去格拉斯哥的大教堂里面做礼拜。当卡尔文教徒讲道的时候，他总是默默地坐在一边听，很多的时候，他一言不发，一直坐很久。大人们感到不可思议，因为平时拉姆塞可是一个非常活泼的孩子。后来大人们才发现，原来他居然通过观察教堂窗子上的几何图形，来学习和验证所学的几何知识。正是由于他多看、多学，因此通晓很多知识，后来被格拉斯哥学院录取。

拉姆塞对于化学很感兴趣。他上大学的时候，在卧室里放了很多的瓶瓶罐罐，来做各种有趣的实验。没有化学仪器，他就自己动手做。这个时期对于他的成才而言大有益处，各种试验培养了他的动手能力。

当拉姆塞大学毕业之后，细心研究了瑞利关于氮气方面的科学成果。在征得对方同意之后，他也开始介入这方面的研究。最后，两个人共同向英国的科学协会宣布自己发现了一种惰性气体，后来，学者们把它命名为氩。拉姆塞积累了经验之后，再接再厉，经过精密研究又发现了氦、氖、氪和氙。

拉姆塞不仅对各种气体有所研究，他对放射学也颇有造诣。最早的化合价电子理论就是他提出来的。我们都知道氧的原子量，但是也许我们并不知道，这是拉姆塞所测定出来的。数年后，拉姆塞终于获得了1904年的诺贝尔化学奖。

当他去世的时候，著名的科学家威廉·汤姆生给了他以高度的评价："他用精确的量度来从大量伪数字中提炼准确数据。他用无数次的动手试验和勤于思考用于科学研究，从而让化学元素周期表变得更加完善。拉姆塞的这一发现具有重要的意义，远远胜于每一个单独元素的发现。"

很多人对于生活中的平凡事物习以为常，视而不见，其实很多伟大的发明都是科学家们细心观察生活中的现象受到启发而研究出来的。我们很多人通常只把注意力放在书本上，认为那才是知识。其实这是非常错误的，那只是知识海洋中非常少的一部分。

如果我们只靠从书本上学习到的知识来解决生活中遇到的所有问题，那是很难做到的。我们必须在自己原有的知识水平上进行深入的思考，亲身实践来解决问题，这样才会学到更多的知识。生活中处处都可以发现学问的踪迹，关键是你要用一双敏锐的眼睛去细心观察。

忠 *10* 告

不光要学会，还要会学

问题不在于学会各种学问，而在于如何培养自己爱好学问的兴趣，而且在这种兴趣充分增长起来的时候，再学习研究学问的方法。

——诺贝尔化学奖获得者艾哈迈德·泽维尔

学习光凭一股热情是远远不够的，还要讲究学习的技巧与方法。学习是一种并不轻松的劳动，需要投入大量的精力。

如果在学习的时候一天到晚只是啃书本，只会成为一个记忆的机器。很多的学生在校的时候成绩很优秀，但是走向社会之后，却没有取得什么成就，这与学习方法不得当是有很大关系的。就学生自身来说，如果一天到晚只知道啃书本，那么早晚会出现兴趣减退的情况，因此除了学会之外，还要会学，把自己各方面的潜能发挥出来，把知识真正地学到手，才能达到灵活运用。

培养勤学好问的兴趣

对于很多人来说，只有学习自己感兴趣的东西，学起来才会比较轻松一些。与此同时，还会主动去探索未知的层面，变得勤学好问。事实上，当大脑中产生问题的时候，兴趣已经开始萌发了。

鲁道尔夫·欧肯是德国哲学家。他的主要作品有《大思想家的人生观》《人生的主义与价值》《人与世界——生命的哲学》等，这些书到现在还被人们奉为经典。1908 年，他的作品《精神生活漫笔》获得诺贝尔文学奖。他的获奖理由是："他对真理的热切追求、他对思想的贯通能力、他广阔的观察，以及他在无数作品中，辩解并阐释一种理想主义的人生哲学时，所流露的热诚与力量"。其实在他小的时候，他对文学的理解能力并不是同龄孩子们当中最好的，老师对这个孩子也没有过太多的关注，但是随着他自己不断地向别人请教，通过勤学好问，逐步提高了自己的文学修养。这些积累最终让他与诺贝尔奖结缘。

当然，也有的人天生对于知识不感兴趣。无论老师如何启发诱导，都不能使他进入学习状态。因此，培养勤学好问的习惯，是学习知识的第一步。

在学习中，我们除了需要老师的积极引导和鼓励之外，最重要的还是自己的努力。我们要善于从学习中积极地寻找乐趣，而不能把学习看做自己的一项负担。如果能主动地将自己所学的知识融会贯通于实际生活当中，而且从中受益，相信每一个人都会变得勤学好问，好学不倦了。

培养学习的兴趣，首先应该从最简单的事情开始做起。比如，今天上课的时候，老师讲的内容，哪些我听懂了，哪些我没有听清楚，还有哪些我有自己的理解，与老师的观点不同……这些思考会让我们开始细细梳理那些学过的知识。对于那些不明白的地方，就要努力去搞清楚，如果自己不能解决，可以求助于老师和周围的人。时间久了，自然而然就会养成勤学好问的习惯。

我们学习的知识都是前人宝贵的精神财富，它们都来源于社会生活的提炼和总结，因此在学习的过程中，我们要积极寻找知识与现实生活的切入点。比如，我们在物理课上学习了放大镜的功能。自己就可以拿一把放大镜亲自去试试它的各种用途。当自己所学的知识得到了验证，并且有了新的发现时，那种兴奋和喜悦是难以言表的。因此，学以致用会在一定程度上激发我们学习知识的兴趣。

我们要清醒地认识到自己学习知识不是为了应付老师布置的各种作业，更不是为了应付各种考试，而主要是为了自己将来能够学有所用。只有当知识变成了我们思想的一部分，并在生活中发挥作用的时候，才能真正地激发我们的学习热情。一些会学习的人，绝对不会是一个只会记忆的机器。他们会在运用知识的过程中进行创新，认真体会知识在现实生活中发生的作用。而这一切都会激发一个人内心深处对于知识的渴望，慢慢地，勤学好问的习惯就会自然而然地形成了。

养成良好的学习习惯

拥有良好的学习习惯，将会让我们终生受益。进化论的创始人达尔文就曾经说过："我的生活过得像钟表上的指针那样有规律，当我的生命告终时，我就会停在某一处不动了。"这里的规律实质上就是指习惯，当然也包括学习习惯。

从人的生理角度来讲，如果养成良好的学习习惯，就会形成生物钟，时间久了，就会成为条件反射。比如按时起床，时间久了，一到这个时间自己就会醒过来，再也不用闹钟的提醒；再比如按时写作业，一到了周末，你就会主动地把作业写完，然后再忙其他的事情，这样心里也就不会有什么负担。如果我们生活没有规律，一切都是临时安排，那么到时候，你就会手忙脚乱，不知道哪件事要先做，哪件事要后做。这样一来，生活就会变得没有轻重主次一团糟，也很难收到良好的学习效果。

撒切尔夫人曾经担任过英国的首相，她有一句话说得特别好："有时事务太忙，我也可能感到吃不消。但生活的秘诀在于把 90% 的生活变成习惯，这样你就可以习惯成自然了，毕竟你想都不用想就可以去洗脸、刷牙和吃早饭。因为这

已经成为一种习惯。"养成良好的学习习惯之后，就会在学习的过程有条有理，各项工作按顺序进行，而且效率非常高。

潜意识在人的思想活动中发挥着重要的作用。如果养成良好的学习习惯，将会让潜意识在我们的身上发挥更大的作用。潜意识受到人的支配，同时也对人的思想发挥着重要的作用。如果一个人的心思始终集中在一件事上，他生活中的所有重心将会围着这件事来进行，可以毫不夸张地说，就连睡眠也会与之相关。

1869 年，俄国的化学家门捷列夫就是因为做梦受到的启发才制定出了元素周期表。为什么这位化学家能做这样的梦，而其他的人就不能梦到呢？因为后者的生活中，从来就没有与元素周期表沾边的东西，所以他们的头脑中根本就没有这方面的意识。所以他们不会梦到元素周期表也是很自然的事情了。

了解了良好的学习习惯对于人生的重要意义之后，那么就要着手培养这些习惯了，在最开始的日子里，也许会很困难，但是只要坚持下来，必会有所收益。

掌握研究学问的方法

中国有一句流传很广的名言，那就是"工欲善其事，必先利其器"。这句说明了方法的重要性。人类是一种具有高等智慧的生物，因此做任何事情都要遵循一定的方法。如果我们掌握了研究学问的方法，做起事情来将会事半功倍。正确的方法就像一盏照亮我们前行的指路灯，让我们得以向着正确的方向前进。

法国哲学家笛卡儿说："最有价值的知识是关于方法的知识。"他还说："没有正确的方法，即使有眼睛的博学者也会像瞎子一样摸索。"这句话很形象地说明了掌握方法的重要性。我们每个人都具备一定的能力，只有找到合适的方法，才会让这些能力得以发挥。

"学聪明，聪明学，学学聪明学；论方法，方法论，论论方法论。"这句话是我国著名学者于光远总结出来的，他认为人只有掌握了好的学习方法，才会变得越来越聪明，而聪明地进行学习更能事半功倍，得到更大的收获。

研究学问的方法有很多种，简单地进行分类，可以分为两大类，一类是根植于学术理论、学术观点等的理论学说，这其中比较有代表性的就是哲学。另外一类是技术层面的方法，比如一些记忆的技巧，一些做笔记的注意事项等，这两大类是密切联系，相互影响的。需要结合起来进行分析和运用，不能只是孤立地看待其中的一类。

事实上，学习和研究并没有固定不变的方法——"学无定法"，每个人都要根据自己的具体情况决定采用哪种方法，要灵活运用，不能教条化。五花八门的方法也自有高下优劣之分，最关键的是善于辨别，找到最适合自己的那一种。

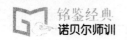

忠 *11* 告

学习需要循序渐进，不能好高骛远

要懂得事物的发展规律，不要好高骛远。要明白量变是质变的基础，树立远大的目标，然后循序渐进，做好身边的每一件事情，才能最终达到总的目标。

——诺贝尔化学奖获得者格奥尔·维蒂希

　　学习是一个循序渐进的过程，好成绩的取得与平时的积累是密不可分的。有的人急于求成，在学习中盲目地投入精力，而且一味求快，没有切合实际考虑自己的学习基础，经常拿一些难度相当大、超出自己解决能力的习题来做，结果百思不得其解，既浪费了时间和精力，也容易挫伤自信心，得不偿失。还有的人连自己正在学的外语课本都读不熟，就开始大量地阅读外文原著，结果只能囫囵吞枣，望文生义，学不到什么东西。

　　华罗庚曾经告诫我们：要循序渐进！我走过的道路，就是一条循序渐进的道路。综上所述，一定要走出好高骛远的误区，脚踏实地，循序渐进地展开学习。

认清事物发展的规律

　　一棵参天大树的长成，并非一朝一夕之功。它是由一棵毫不起眼的小苗发育生长而成的。事物都有其自身的发展规律，这是客观事实，如果违背自然规律揠苗助长，那么只会适得其反。

有的人自认为只有高标准地严格要求自己，才会有杰出的成就。于是不考虑自身的情况，连作文都写不好，自己就开始尝试着写小说，梦想着能像那些外界宣传的"天才少年作家"一样，一夜成名。结果很可能小说写到一半就才思枯竭，难以为继，甚至于自己写出来的东西让别人看来根本就语句不通，文笔生涩，是毫无价值的文字垃圾。

我们要懂得事物的发展规律。再远大的理想，再宏伟的目标，都是从实现一个又一个小目标开始的。人生中最有效的目标不是最有价值的那个，而是眼前你需要迫切实现的、最有可能实现的那个。

在法国的影剧史上，有一位重要的作家贝尔纳，他属于文学史上具有里程碑影响意义的人物。有一次，在当时的法国报纸上出了一道智力竞赛题。主要内容是这样的："如果法国最大的博物馆卢浮宫失火了，情况紧急，只允许抢救出一幅画，请问你会抢哪一幅？"

这个问题引起了很多人的兴趣，寄来的答案更是五花八门，什么样的都有。然而最后获奖的却是一个最简单的答案："我抢救离出口最近的那幅画！"这个获奖者就是贝尔纳。他的答案让所有的人心服口服。

这个故事说明，只有最有可能实现的目标，才是最有效的目标。

我们要认清事物的发展规律。任何事物的发展都有一个进程，我们可以通过努力加快这个进程，却不能妄图通过非法手段干扰这个进程。只有实现眼前的最有效的那个目标，才会距离我们的伟大理想更近一步。规律是支持事物向前运行的结构，是推动事物向前发展的模式。我们只有尊重规律，贴近现实，循序渐进地学习，才能符合事物的发展规律。

量变是质变的基础

要学会实现每个目标就要从小事做起，把每一件事情都做好，慢慢积累成功的资本，时间长了，最终实现从量变到质变。

1984年，国际马拉松邀请赛在日本的东京举行。当时，人们对于谁会成为冠军有各种各样的猜测。到了最后，一位很平常的选手却出人意料地夺得了冠军——山田本一。后来人们询问他得奖的秘诀，他说自己把四十多公里的赛程分成了很多的小目标来实现。每次比赛之前，他先乘车去把比赛的路线仔细地看一遍，在路上寻找标志性的物体，比如，一棵大树，一个外观显眼的红房子……等这些事情做完了之后，他把它们都标注在地图上，然后记在心中。当比赛开始之后，他以百米的速度向第一个目标前进，当胜利到达之后，他再踏上冲刺第二个目标的征程。一个接一个的目标被他抛在了身后，就这样，很快他就把全程跑完了。

一个人给自己定一个宏伟的目标是一件很容易的事情。比如，自己将来要成为科学家，或者成为企业家，等等。然而事实上最终走到成功的人却并不多。

一个伟大的理想变成现实，往往是一个又一个小目标不断实现的结果。很多人把自己的理想作为长远的目标，但是对于眼前却缺乏有效的规划，理想实现的可能性非常小。因此要脚踏实地，一步一步耐心去做，把"量"积累起来，这样才会有"质变"的基础。

我们在前进的过程中，还要密切关注自己的行动路线，注意不要偏离了正确的方向。看着目标走，才会少走弯路。比如，前面有一棵大树，我们要走过去。如果每一步都偏离目标一点点，那么走到最后，我们就会离大树越来越远，永远也不可能走到它的旁边。因为量变会引起质变，大大小小的偏离累积起来，最终将会产生严重的偏移。我们要随时关注自己的状态，并及时进行调整，这样才会最终到达成功的彼岸。

学习要循序渐进

当格奥尔·维蒂希与布朗分享了 1979 年的诺贝尔奖时，已经 82 岁了。这位德国的化学家，曾经在马尔堡大学获博士学位，他是主族元素和有机金属化合物的开拓和先驱之一，在有机全程和结构理论方面作出了巨大的贡献。人们为了纪念他，有许多有机化学以他的名字来命名，比如，维蒂希试剂、维蒂希烃、维蒂希重排、维蒂希反应，等等。

维蒂希在小时候就立下了宏伟的志向。有一次上作文课，老师让大家把自己的理想说出来。当时维蒂希说自己要做德国的总统，治理国家，让所有的人都过上富足的生活。在当时的课堂上，小伙伴们都笑话他吹牛，不过老师却没有打击他的自信心，对他的理想表示了肯定与鼓励。于是，维蒂希就有些沾沾自喜。回到家里之后，把自己当成了总统。妈妈喊他去帮忙做家务活儿，他不屑一顾地说："总统怎么能做这些事情呢？"然后就跑开了。

上课的时候，维蒂希常常偷看一些描写名人故事的书。有一次看得太入迷，被老师发现了也不知道。老师很生气，把他叫到了办公室。"维蒂希，我听你天天给同学们说自己长大了要当总统，是吗？"

维蒂希得意地点点头。接着老师又问他："那你打算怎么实现这个愿望呢？"

维蒂希红着脸说不出话来了。这个问题他确实没有想过。

老师语重心长地说："一个人树立伟大的志向是件好事，但是光有理想是不行的。还要努力向着目标去实现它，每一件小事，都要做好，才会离成功越来越近。如果光有理想，没有具体的行动，那么再伟大的目标也会变成空想。"

老师的话让维蒂希明白了一个很重要的道理，好高骛远只能害自己，只有循序渐进才会取得进步。于是，他再也不以自己是未来的总统而自居了。回到家里，他主动帮妈妈做家务活儿。妈妈感到很奇怪，问他是怎么回事。

维蒂希不好意思地说："妈妈，我现在明白了。只有从身边的小事做起，才会一步步地接近目标。"最终维蒂希虽然没有当上总统，但是他却获得了1979年的诺贝尔奖，成为历史上杰出的化学家。

对于一个目标的实现，如果加上时间的限制，就是把这个有效的目标进行了量化和效果的考察。如果一个目标不具备实现的条件，没有量化和时间限制，那么它是没有任何实际意义的。

为了实现目标，我们可以先把它们分成几步来走。首先使用明确的语言对于不同阶段的目标进行具体的描述，找准自己在未来空间里的每一步发展的具体位置和目标状态，以便于一个接一个连续进行实现。

然后再按照设定的小目标，从现在到将来，从简单容易到复杂繁难一步步做起，把最难实现的大目标从低级到高级地层层分解，最终实现自己的理想，走到人生的最高点。

做个勤思好问的学生

孩子提出的问题越多，那么他在童年早期认识周围的东西也就越多，在学校中越聪明，眼睛越明，记忆力越敏锐。

——诺贝尔化学奖获得者德里克•哈罗德•理查德•巴顿

在对知识的探索过程中要学会质疑和思考，勇于向周围的人请教自己不懂的问题，培养自己勤思好问的精神，这样才会增强学习知识的主动性。

不要盲目地崇拜和相信所谓的权威，也不要总认为书上的道理都是正确的。要学会用自己的眼睛去发现问题，解决问题。

学会提出问题

明代学者陈献章有一句名言："学贵有疑，小疑则小进，大疑则大进。"这句话号召我们要不断地发现问题，提出问题，养成有疑必问的习惯。从根本上来讲，就是要有质疑的习惯。有了这种精神，我们就会积极主动地去思考，大胆地去探索，从而作出杰出的成就。

里纳托•杜尔贝科于 1975 年曾获得诺贝尔生理学或医学奖。在他小时候，生活在意大利南部的卡坦扎罗市。杜尔贝科天生对于周围的事物就有很强的好奇心，而且他还非常喜欢对这些问题进行思考，动脑筋琢磨深层的原因。

有一次，父亲带着杜尔贝科到海边游玩。当时海里面有很多的鱼在游泳，杜尔贝科看到了满心欢喜。接下来他做的动作却让父亲大吃一惊——他挣脱了父亲的手要跳到海里去。父亲吓坏了，急忙拉住他问："孩子，你怎么了？跳下去会被淹死的。"

杜尔贝科好奇地说："那为什么鱼儿能在水里游泳，我却不能呢？"

父亲被他的问题逗乐了，他笑着说："因为鱼儿有鱼鳔啊。"

杜尔贝科接着问："为什么有了鱼鳔就可以游泳呢？"

父亲开始向他解释：鱼鳔里充满了气体，就像大气球一样可以把鱼儿托起来。他说话的同时还不断做着手势给儿子比画。小杜尔贝科似懂非懂地点了点头。

第二天，小杜尔贝科再次跟着父母来到海边。他站在岸上开始脱衣服。父母关心地问他要做什么。他回答说自己要下水游泳，说着他还举起一个大气球说："看，这就是我自己的鳔！这里面装满了气体，游泳的时候就不会被淹着了。"父母被他的样子逗得哈哈大笑。

后来，杜尔贝科渐渐长大了，他喜欢观察，热爱思考的习惯始终没有改变。在他的努力之下，最后终于成为一位优秀的科学家。

实质上，一个孩子提出的问题越多，他在童年早期认识的事物也就越多，这也就说明他是个善于观察的孩子。提问的同时勤于思考，会让自己变得越来越聪明，能力也得到很大的提高。

提出问题是思维能力发展的关键，也是人类求知欲的集中表现。从人类的心理发展特点来看，三四岁的小孩子最爱提出"为什么"这样的问题。随着年龄的增大，知识的增多，这种爱提问题的习惯也慢慢地减弱了。这从另一个方面来讲，也说明人的求知欲在渐渐减退。我们一定要注意保持这种积极性，只有学会不断提出问题，才能让自己的思维始终处在活跃的状态。

苏霍姆林斯基说过："我们发现了儿童有创造力，认识了儿童有创造力，就须进一步把儿童的创造力解放出来。"创造力的最初表现就是学生有勇气提问，并在提出问题之后勤于思考。

要做到勤于思考

国际度量衡设置在巴黎西南部塞纳河畔的塞夫勒小镇，这里风景宜人，山水秀丽。一天，这里接待了一个小客人——只有 11 岁的查尔斯·纪尧姆。他在妈妈的带领之下来这里参观。当讲解员对大家讲了米尺和千克的原器是如何的精确稳定时，有几个人附和着称赞了几句。但是小纪尧姆却认真地说："在任何情况下，这公尺总是这么长吗？千百年来这标准米尺连一丝一毫的变化也没有吗？"

讲解员一时被这个问题难住了，不知道该怎么回答，妈妈急忙走过来把他带走了。虽然大人并没有为他讲解，但是纪尧姆却在不断思考这个问题。这个问题多年来一直徘徊在他的脑海中，让他进行深入的思考。他决心致力于解决这个问题。多年之后，纪尧姆做了国际度量衡局的局长，为度量衡的国际化作出了巨大的贡献。为了表彰他的成就，1920 年，诺贝尔物理学奖授予了查尔斯·纪尧姆这位瑞士的科学家。

伽利略也是一个勤于思考的学生。

当时欧洲发生了翻天覆地的变化，各种各样的新思想、新科学层出不穷。与此同时，宗教对于这些新思想的压制也很凶猛。在这里，绝顶聪明的伽利略度过了他的童年和少年时代。受父亲的影响，伽利略非常喜欢做各种各样的机械玩具，并且爱提问题。

这个习惯一直保持到他上大学的时期。有一次，教授在讲物理课的时候，伽利略向教授提出了许多问题，质疑当时被人们奉为权威的亚里士多德的著作。

在当时，亚里士多德不但是古希腊最有名的大学者，而且在人们的眼中，他是"众人之师"，受到了所有人的尊崇。

教授很吃惊，谴责他的无礼："亚里士多德是不容怀疑的，你必须全心全意地信奉他。"但是伽利略却坚持自己的看法："在陌生的森林里，我们需要向导为我们引路。但是如果我们回到平原上，就不再需要了，因为这个时候我们可以凭借自己的眼睛和头脑，进行独立的思考。"接着伽利略开始了长期的辩论，最后把教授说得哑口无言。这件事情在整个比萨大学被传得沸沸扬扬。

这说明伽利略在年轻的时候就是一个勤于思考、敢于坚持真理的人，值得我们学习。

不要总是以为书本上的知识都是对的，也不要盲目地去崇拜权威，要有自己的思想，敢于大胆地表达不同的看法，这些都是通过勤于思考才能做到的。与此同时，当自己的同学提出与众不同、标新立异的问题时，也要认真去听，用心思考，同时尽力寻求解决问题的办法，这样就会学到更多的知识。

从心理学的角度来说，学生寻找问题答案的过程也是一个进行思考的过程。英国的社会科学家斯宾塞指出，要不断鼓励学生自己进行探讨，自己进行推论，宁肯给他讲得少些，也要让他自己尽力去多思考一些。

在提问与思考中提高自己的能力

1980年诺贝尔化学奖获得者、美国生物化学家、现代基因工程的创始人保罗·伯格就是一个善于提出问题的孩子。与此同时，他还是一个善于自己掌握和寻找答案的人。家长和老师并不能对他提出的每个问题都做出解答，因此他就自己主动去寻找答案。

在寻找答案的过程中，要勤于思考，利用各种手段解决自己提出来的问题。比如，可以去图书馆寻找资料，或者通过小实验来验证自己的想法是否正确。如果还不能解决，就要好好想想这是为什么。

伯格就是这样在不断探索中打下了坚实的学习基础。用他自己的话说，在这一过程中所得到的收获，"比我自己预想的还要多"。伯格后来在应邀致中国青少年的信中谈到："回想那段时间，我认识到：鼓励青年人自己去发现他们追求的答案，不是一种最容易的学习方法，但却是回报最丰厚的学习方法。"

一个人如果在提出问题后很容易就得到了答案，那么这个答案很可能很快会被遗忘。但是如果是在提出问题后通过动手或思考自己找到了答案，那么这种能力将在不断学习中得到增强。在现实生活中，我们学过的很多知识都可能被遗忘，但是唯有这种动手能力不会失去。另外，在思考过程中，我们还收获了很多乐趣，这是别人告诉你答案所不能体会到的。

在提问的过程中，要不断进行思考，以取得更大的进步。如果只是提问而不去思考，那么这个提问就没有多大的价值和意义了。

提问也是需要技巧的。它不是简单地问我们自己不知道的东西，这里面也需要注意一些问题。平时多观察老师在提问的时候是如何表达自己的意思的，这样有助于提高我们提问的效率。我们在提问的时候，要把这个问题放到具体的环境中去分析，而不能只是孤立地提出问题。当别人提问题的时候，自己也要积极地进行思考，这样就会在思考中有所收获。

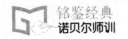

忠 13 告

培养严谨、踏实的学习习惯

人喜欢习惯，因为造它的就是自己。

——诺贝尔文学奖获得者乔治·萧伯纳

有人曾把从 1901 ～ 1972 年的 150 位诺贝尔奖获得者的性格进行了总结，发现他们不仅自信坚强，而且都具有良好的知识结构和严谨踏实的学习习惯。

习惯成就事业

达格·哈马舍尔德是瑞典人，他曾因致力于解决国际争端，促进国际和平，获得了诺贝尔和平奖。他之所以获得如此巨大的成功，是因为他把自己严谨的学风与良好的学习习惯结合了起来。

英国的有机化学家巴顿是一个富裕家庭的独子，在长辈的溺爱之下，他养成许多坏习惯。当巴顿进入小学学习之后，这些坏习惯更加明显了。同学们因此都不太喜欢他，时间久了，他的学习成绩变得越来越差。家里人觉得再这样下去根本不行，于是将他送入了寄宿学校。

这所学校对学生的要求相当严格，实行军事化的封闭管理。种种生活条件让从小生长在蜜罐里的巴顿整天哭鼻子。但是无论他如何反对，父亲也绝不改变自己的主意，每周都很坚决地把他送到学校学习。小巴顿在这样艰苦的生活中渐渐学会了独立生活，磨难和锻炼让他慢慢改正了那些坏习惯。

在学校的这段日子影响了他今后的生活，严谨的学风伴随了他的一生。20世纪60年代之后，他在合成甾醇类激素方面又取得重要成就，发明了著名的合成醛甾醇的一种简便方法，后被称为"巴顿式反应"。另外，他对有关合成青霉素和各种四环素类抗菌素等方面也有研究。他因测定一些有机物的三维构象所作的贡献而获得1969年诺贝尔化学奖。

由上述事例可以看出，习惯对于人的一生影响是多么巨大。良好的学习习惯是一个人成功的保障。在科学的道路上，不可能涉及所有的领域，只有对某一学问作深入的研究才有可能达到科学的顶峰，在这个过程中，习惯起到了至关重要的作用。

与书交友

除了爱学习，还要养成爱读书的习惯。无数人从书籍中汲取知识，把书籍当成了自己的良师益友。读书是自主学习的最有效的方法之一。

物理学家瓦尔顿，小时候被大家叫做"笨孩子"。他的妈妈经过认真了解，发现儿子并不是真的笨，而是结交了一群不求上进的朋友。为了让他取得进步，妈妈买了好多书让他阅读。当他阅读的时候，妈妈就站在一边辅导他学习这些知识。随着他看的书逐渐增多，很快便成为班里的优等生。

1951年，由于瓦尔顿的杰出贡献，他获得了诺贝尔物理奖。在获奖之后，当有人采访他的时候，瓦尔顿亲口说："我一个人为了读书写下很多笔记，并且

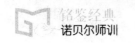

持续这种读书方式，成就了今天在此处的我。"

读书是一个人成功的内在基础，养成爱读书的习惯可以让我们终生受益。事实上，从很多诺贝尔奖获得者的谈话中就可以看出这一点，小柴昌俊曾写过《我不是好学生》这本书，他在书中讲到，自己对于物理之所以这么感兴趣，主要是因为在上小学的时候，曾经收到过班主任金子英夫送给他的一本书《物理学是怎样产生的》。这本爱因斯坦写的书让他走上了物理研究之路。同样，福井谦一在《直言教育》中也提到自己在中学时代受到法布尔的作品的影响是最大的。这位大师的著作对他的人生起到了非常重要的作用。

由此，我们不难看出，读书对于他们的成长具有无比重大的意义，甚至对他们的人生产生了决定性的影响。

书是前人经验和知识的载体，也是伟人们智慧的结晶，这些提炼出来的精华需要我们好好地体会，细心地阅读和吸收。以书为友，可以让我们的思想得到升华，知识得到丰富，为成功做好准备。

学习必备的六大习惯

学习是一个系统的过程，它不是死记硬背，也不是仅凭小聪明就可以考出好成绩。学生在学习的时候，有些习惯必须具备，它们是掌握知识的过程中必不可少的环节。在学习过程中，可以遵循如下六大习惯进行。

1. 认真预习及时复习的习惯

我们在课堂上听课的时候，要想跟着老师的思路走，就要对他们所讲的内容有更深入的了解。有的学生在学习过程中根本没有预习，这样一来，如果不能很好地跟上老师的进度，搞得非常被动不说，有时还会丢掉课堂知识的重点。如果提前预习的话，不仅锻炼了自学能力，而且还会在听课的时候具有针对性，这样就可以增强独立性，减少对老师的依赖性。

复习和预习同等重要，及时复习可以有效地防止遗忘已经学习过的内容。同时，"温故而知新"，在复习知识的过程中，还会有更多新的收获，从而使知识的掌握达到一个新的高度。

2. 认真听讲，专心听课的习惯

有很多学生学习很辛苦，但是收效甚微。他们在上课的时候没有认真听讲，学习效率往往不高，对于老师讲的知识也不求甚解，一遇到听课障碍便退缩，增加了课下复习的负担，从而对学习成绩产生影响。

在听老师讲课的时候，一定要集中注意力。如果一个人在听老师讲课的时候没有理清思路，那么就无法掌握老师讲授知识的规律，这样非常不利于今后对于新问题的思考。

3. 独立完成作业的习惯

独立完成作业的过程其实是一个独立思考的过程。做作业的过程中，可以及时地检查听课的效果，看看自己是不是记住了，记住多少，对于这些知识是否能够应用，等等。独立完成作业可以巩固和理解老师所讲的知识，比如，公式的变换可以通过不断做题得以掌握。

4. 积极思考的习惯

一个学生在学习和读书的过程中，不仅要做大量的习题，还要真正地把知识消化和吸收，对知识的引申、扩展、消化等环节都很重要，环环紧扣，密切相关。在解题的过程中，要不断思考，还要总结经验，不要犯同样的错误，从而更有利于知识的掌握。

5. 阅读自学的习惯

学生在学校待的时间毕竟有限，当走上社会之后还要不断地接触和学习很多知识，这时，自学能力的大小就显得相当重要，因此在上学的时候就要尽量养成这种习惯。学生在学习过程中，要结合考试的内容进行自学。在学习的过程中要有侧重点。一个人在自学过程中包括这样几个要素：学习因素、心理因素和方法因素。要保持一种积极的态度进行学习，另外还要注意学习方法是否适合自己。前后联系，反复考虑，对知识进行深化，对教材进行全面概括。

6. 细心观察，总结归纳

观察是学习的基础，也是打开智慧的天窗。每一位学生都要养成细心观察的好习惯，而且在观察的时候眼光要敏锐，当对客观事物有了认识之后，要与大脑中原来的知识进行有机结合，进行总结归纳。事实上，在学习知识的时候，总是有些分散的知识点，要想把这些知识点联系在一起，归纳就显得很有必要。要把自己所学的知识归纳成一个结构，研究彼此之间的规律，让自己的思维变得更加活跃。

当然，学无定法，这六大习惯并不是教条，只有多多借鉴别人的经验，严谨踏实地进行学习，这样才能让自己的学习更上一层楼。

忠 14 告

将快乐融入学习当中

学习不应该是痛苦的，如果将学习看做一项痛苦的修行，那么这样的人永远不可能真正地学到什么。只有将自己的感情融入到学习中，才能体会到其中的快乐，才能真正学到自己喜欢的知识。

——诺贝尔化学奖获得者艾哈迈德·泽维尔

学习是一项脑力劳动，有的人乐在其中，有的人却非常厌恶，不同的人有不同的感受，其实只有真正地把快乐融入到学习中去，才会真正学到所用的东西。

著名幽默家克瑞格·威尔森曾经说过："在我的成长过程中，幽默是生活中的七彩阳光，没有它，就没有我五彩缤纷的童年，也没有我充满欢声笑语、幸福无限的家庭。"作为一名学生，在成长过程中，这个年龄应该是快乐幸福的，而幽默的人往往是快乐源泉的提供者，因此，我们应当把幽默当成生活的调味品。学会让自己快乐，你的学习就会变得轻松许多。

幸福生活，快乐学习

塞尔玛·拉格洛夫，瑞典女作家、1909 年诺贝尔文学奖获得者。她于 1858 年 11 月 20 日出生于瑞典中部韦姆兰省的一个军官的小庄园——莫尔巴卡庄园，她在那里幸福生活，快乐学习，度过了美好的一生。

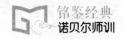
她的父亲是位陆军中尉，结婚后一直居住在莫尔巴卡庄园，从事农业劳动。劳动之余，全家人围坐在一起朗读诗歌和小说。这对于她而言是非常快乐的事情，父亲酷爱文学和乐观的性格对她影响很大。她在世时，每年父亲生日——8月17日，她总是邀请庄园里和附近的乡亲们来庄园聚会庆祝，以示对父亲的怀念。她的作品都是一些让人读了感到快乐的童话，这与她的乐观性格有密不可分的关系。

对于学习，要保持一种快乐的心理状态。快乐的心态不仅在人际交往中有积极的作用，而且会帮助你成为班级的佼佼者，至少会让你成为一个受大家欢迎的人。没有人会拒绝一个经常面带微笑，充满阳光的人。比如，同样是向别人请教问题，如果学会说上几句幽默的话来解围，那么就会让气氛活跃起来，给对方留下一个良好的印象，从而更乐意帮你解决问题。

在学习的过程中，我们不可避免地要受到很多不利因素的干扰。如果遇到什么不开心的事情，比如，考试考砸了，千万不要消沉和自卑，不要对自己的成绩失去信心。首先要想到，这次没有考好，我下次还有机会，以后继续努力；其次要分析考试失败的原因是什么，应该吸取哪些教训，下次考试要注意什么来避免重蹈覆辙。全面地去思考这些问题，你就会变得快乐而简单，思想上也不会有那么多的负担。

事实上，所有的人在潜意识里都渴望快乐。要想做到快乐，首先就要做到自信，其次要以积极的心态与别人交往，用一颗善良的心去帮助别人，"一颗快乐的心就是一剂良药"。快乐可以让我们更加热爱生活，缓解精神上的压力，缓和人与人之间的紧张关系。要努力让自己快乐起来，这样你才会生活得更加幸福。

学会控制自己的情绪

一个人在遇到尴尬或者烦恼的时候，如果能够有效地控制住自己的情绪，那么找到快乐便成为一件简单的事情。

曾担任过美国总统的林肯就是一个生性乐观的人。有一次他去外地办事，当办完需要回城的时候，却一直也拦不到合适的车。如果换作是别人，遇到这种情况一定会很着急，但是林肯却能很好地控制自己的情绪，他依旧充满希望地等在路边；当一辆汽车经过的时候，他终于招手成功地拦下了车。他笑着对司机说："请您帮我把这件大衣捎到城里去好吗？"司机答应了，但是他又突然想到了一个问题："那么回城之后，怎么把大衣还给你呢？"

林肯笑着说："这事情很简单，我打算裹在大衣里头。"司机明白是怎么回事之后，开口大笑，快乐的心情让他爽快地答应了林肯的要求。

幽默有时候还可以用来巧妙地拒绝别人不合理的要求。

有一次，一个妇人来找林肯说情，她蛮横地说："总统先生，我的祖父曾参加过雷新顿战役，我的叔父也是一位战斗英雄，我的父亲曾经在纳奥林斯英勇作战，我的丈夫是在曼特莱战死的，所以我请求你一定让我儿子做上校！"

林肯面对这个妇人的无礼要求，并没有发火，他微笑着说："我非常尊敬您的家人，你们为国家作出的贡献实在太大了。因此请您把为国家荣誉而战的机会让给别人。"

那个妇人找不到什么理由可以反驳，只好气呼呼地走了。

林肯面对糟糕的境遇和对方无礼的要求，不仅没有懊丧和发怒，而是学会了控制自己的情绪，巧妙地用幽默化解了所有的尴尬和不快。可见幽默是修补人际关系的最佳良方，快乐是调整人际关系的润滑剂，只要运用得当，不伤害对方，

一定会让自己在学习和工作中游刃有余。

其实，快乐也是一个人智慧的外在表现。一个睿智的人通常能够很好地运用自己的智慧把当前的尴尬困境轻松化解。如果能做到这一点，那么就会拉近人与人之间的距离，给别人留下好印象。

当然，我们不能借助一些荒唐的玩笑来取乐，用嘲笑别人的方式来换取快乐是不道德的。要把它们和真正的幽默区分开来。一个适当的玩笑是生活的调味品，如果尺度把所握不好，很容易适得其反，收到相反的效果。除此之外，还要把握好时机，保持对别人的尊重，不要让一些不适宜的玩笑伤害了你和朋友之间的感情。

事实上，在任何地方追求快乐，表达幽默都会带给你意想不到的收获。一个快乐的人更容易让我们在生活中左右逢源，事半功倍。无论你是什么样的人，只要能恰如其分地让智慧的火花在幽默的过程中闪现，那么一定会增加你的亲和度，有利于同别人更好地沟通。

在学习中体会快乐的真谛

快乐可以让我们的学习变得轻松有趣。因此，我们要学会在学习中体会快乐的真谛。一位善于教学的老师，在讲课的时候一定会把那些课本上的枯燥内容讲得生动有趣，引人入胜，让学生们印象深刻，从而把那些知识牢牢地记在心中。

有的人认为自己天生与快乐绝缘，其实这种看法是错误的。快乐在我们的生活中无处不在，关键是我们要细心地去观察，认真地去体会。比如，你在上化学课的时候觉得很乏味，尤其是背一些元素周期表或化学符号之类的，那么你可以试着把那些按顺序排列起来的元素符号联想成一个又一个生动有趣的小故事来帮助记忆。当你成功地记住这些符号之后，就会发现，原来快乐学习这么简单。

多与那些快乐的人打交道，从他们的身上学习那些有趣的东西，感受他们的幽默。时间长了，你就会在他们潜移默化的影响之下变成一个快乐的人。

我们在快乐的同时也要注意不能伤害别人，不要把自己的快乐建立在别人的痛苦之上。幽默不是讽刺，风趣不是嘲笑。如果让幽默变了味儿，说不定就会升级为争吵；如果为了开心而互相讽刺挖苦，不仅会给别人的心灵带来伤害，而且会破坏彼此之间的关系，所以一定要注意幽默的表达方式和限度。

学会用幽默的语言来表达自己的观点，学会用宽容的心态来看待周围的一切，你就会变得快乐起来。切记生活就是一面镜子，你对着它笑，它才会对你展开笑颜。当你把快乐融入到学习中去时，你会发现它们原来比我们想象的要简单。

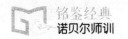

忠 *15* 告

不以分数论英雄

分数是考试的结果，分数能说明一些问题，但说明不了考试的全部，更说明不了你的能力和整体素质。

——诺贝尔化学奖获得者威廉·能·李普斯科姆

在学生时代，分数是每个人都必须要面对的问题。它代表着一个学生的学习成绩和学习的收获，它虽然能说明一些问题，但却远远不能说明学习的全部。成绩的好坏绝对不能与一个人的能力和素质画上等号。

正确看待分数

在现实生活中，很多的家长和老师都很重视分数，有的甚至把考试成绩作为衡量一个孩子好坏的标准。其实这是非常错误的。考试只是作为检验一个学生的学习成果的标准，当学生的分数高的时候，只不过说明试卷上的知识掌握得比较好；当分数低的时候，也只不过说明学生在这一次考试中失利了。这里面的原因是多方面的，也许是由于这段时间没有努力学好，也许是因为这次考试发挥失常……一份考卷的分数，并不代表这个学生的真实水平。学习是一个循序渐进的过程。在这个过程中有无数的细节需要一个一个完成。

一次考试，只是其中的一个小环节，如果考试失利属于一次失败的话，那也只是一种暂时的失败，并不代表学生的素质不好。

当然，分数在一定程度上也反映了一些问题。比如，当试卷上出现了很多错题的时候，就要好好反省一下自己，看看究竟是什么原因导致的错误，这些错误需要做哪些工作才能改进。一个平时不爱写作业，上课不认真听讲，做功课时不愿意动脑筋的学生，一定不会考出好成绩。所以当你拿到自己的试卷时，一定要全面总结经验教训，扬长避短，争取下次考出好成绩。

一个学生在平时要树立正确的学习目标，分数只是衡量学习成绩的标准之一，我们应把掌握知识和发展能力作为首要标准。就我国目前的情况来说，提高学生的综合素质与能力变得越来越重要了。

当然，分数也不能忽视。可以试着从改变自己的学习习惯、学习方法和学习兴趣来提高考试的分数，这是一个长期的过程。任何一门功课都涉及三个方面的内容：基础知识的掌握、基本技能的运用、综合技能的提高，这些方面可以通过考试成绩反映出来，如果哪一方面的能力欠缺，就要向着哪一方面努力。

学习成绩还与一个人的非智力因素密切有关，一些学生的学习成绩不理想，有可能是学习习惯的问题、思想品质的问题、情绪的问题等，这时就要细心分析，找出问题所在，然后尽量去改正。另外，成绩还与一个人的记忆力、观察力、思维力以及想象力等有关，因此哪个方面能力弱，就要加强这方面的培养。

总而言之，要综合看待分数的各个方面，认真分析成绩不理想的原因，总结取得好成绩的经验，这样对自己的未来才会大有裨益。

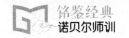
分数并不是唯一的标准

事实上，分数并不是衡量我们人生的唯一标准。有许多学生在学习的期间成绩并不优秀，有的甚至十分糟糕，但是这些人却在日后的事业发展中突飞猛进，取得了很大的成就。

英国的生物化学家桑格，从小学到大学一直成绩很平常；在学校的各项比赛中也从来没有获过什么奖。在别人的眼中，他好像也没有什么与众不同的地方。更没有惊人的才华可以展现给大家看。

就是这样一位普通的学生，却在走上研究之路后取得了极为优异的成绩。一项接一项的研究成果不断地出自他的手中，并于1958年和1980年两次获得诺贝尔奖。纵观以往获得诺贝尔奖的历史，只有三个人曾经两次获奖，他就是其中一位。

华裔美国物理学家朱棣文在1997年获得了诺贝尔物理学奖。他出生在一个学者世家，无论是父母还是姨妈、叔叔等亲属，好多都是博士甚至是双博士，他的近十个表兄弟或堂兄弟都是美国名牌大学的学生。在这样一个人才济济的家庭里，朱棣文几乎是最差的一个学生了，他连名牌大学都没有考上，只能就读于一所普通大学。而他的哥哥却是当时学校中最高累积分的记录创造者。虽然朱棣文已经尽了自己最大的努力，但是在别人的眼中，他的表现依然很平庸。

用朱棣文自己的话来说就是："我的兴趣有时会聚焦于学校的某一门课程上，并且特别投入。在我的母亲看来，我的努力只是花在了一些不重要的细节上，这不是分配学习时间的好办法。但是，从后来发展的情况来看，吃透细节和聚焦某一课程的能力，使我受益匪浅。"就是这样一位在父母眼中不争气的孩子，却比其他的孩子更有出息。他在科学研究中取得了重大成果，并且摘得了科学领域最高奖——诺贝尔奖的桂冠。这让所有的人都感到吃惊。

这些例子说明，分数并不是衡量一个人的标准，能力才是最重要的。不必过分看重一时的成绩，它只能说明一个阶段的学习成果，并不代表一个人能力的高低。

我们不要因为自己一时考试失利，得了一个很低的分数而感到灰心丧气和自卑。分数并不是唯一的标准，我们要清楚地认识到自己的实力，鼓起勇气，在提高学习成绩的同时不要忘记提高自己的能力。当一个人走向社会的时候，能力才是通行证和敲门砖。

要注重发展自己的能力

1976年诺贝尔化学奖获得者、美国化学家李普斯科姆的经历也许会给我们一些启示。

李普斯科姆从小就非常喜欢化学，只要一有机会，他就会阅读大量的化学方面的相关书籍。但是他学习有一个特点，那就是不喜欢死记硬背。虽然他的化学水平和研究能力在班里是最好的，但是他的化学成绩却仅仅勉强及格而已。虽然如此，李普斯科姆却把自己的精力完全集中在化学分析和动手能力上。他利用自己的课余时间，自学了许多新的知识，就连大学里的化学教材上的一些实验，他都亲自动手尝试去做。动手能力和分析能力的培养果然让他日后成为一名优秀的化学家。

李普斯科姆注重培养自己的能力，而不是被分数锁住了手脚，因此他获得了巨大的成功。事实上，一些天资颇高的学生们往往具有比别人更强的领悟能力，只要拥有学习的热情，保持自己的创造性，日后必定会取得杰出的成就。类似的情况还发生在1981年诺贝尔化学奖获得者、日本化学家福井谦一的身上。

福井谦一家境小康，父亲对这个独子寄予了很高的期望。但是他的学习成绩却并不理想，尤其是化学，在中学的一次考试中居然拿到了一个非常低的分数。当时他想了很多理由准备用来敷衍自己的父母。但是在推开门走到父亲面前的时候却一句话也没有说。

父亲热情地对儿子进行了鼓励，福井谦一心想，自己绝对不能放弃学习，而是要继续努力。他认真对自己的情况进行了分析，制订了一个详细的计划，然后开始努力，虽然他在接下来的化学测验中成绩并不理想，但是他明白这是一个循序渐进的过程，因此在他的不断努力之后，成绩慢慢提高了，到了大学里面，化学居然成为他最喜欢的学科。也许连他自己也没有想到，若干年之后，他居然拿到了诺贝尔化学奖。

事实上，越是有思想的人，他们受外界的影响就越小。分数并不是检验素质的唯一标准，不要把注意力过多地集中在分数上，注重发展自己的能力才是最重要的。

当代社会越来越重视一个人素质和能力的培养，所有的公司都会欢迎一位能力素质出众的人，而不是高分低能的毕业生。分数只代表了一个阶段的学习成绩，并不代表一个人能力的大小和素质的高低。

一个人能力的大小是多方面的，它涉及注意力、观察力、记忆力、想象力、创造力和思考能力等诸多方面。如果一个人连老师讲课都听不懂，那么提高成绩就无从谈起了。所以要想锻炼自己的能力，也要从提高学习成绩开始。在上学期间，要以学习为主，学习能力是其他能力的基础。另外，还要学习其他方面的技能，为以后的全面发展奠定基础。

书本的知识有限，人生的大书却是无限的

人类需要善于实践的人，这种人能由他们的工作取得最大利益；……但是人类也需要梦想者，这种人醉心于一种事业的大公无私的发展，因而不能注意自身的物质利益。
——诺贝尔物理学奖和化学奖获得者玛丽·斯可罗多夫斯卡·居里

随着社会的发展和科技的进步，当今时代的知识浩如烟海。但是前人的经验毕竟只代表了过去的成就，这些知识是有限的，而我们的人生可以学习及探索的空间却是无限的。周围生活环境的方方面面都有需要我们学习的地方，一个人的生活经历是他的人生中最宝贵的精神财富。我们在学习书本知识的同时，也要学着去读懂人生这本大书！

人类对于世界的探索和改变，永无止境。时刻保持求知的欲望，以无尽的热情去奋斗，才会书写自己的精彩人生。

人生是最好的课本

人生在世，遇到的情况各不相同，就如同一棵大树上的种子，随风被吹到不同的地方一样。无论我们以何种方式起步，只要努力用自己的双手去创造财富，同样会走上成功之路。人生是最好的课本，我们在经历各种事情之后，会渐渐从

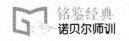
这部"课本"中学会很多东西。

我们都希望自己生活在一个高起点的家庭，因为家庭条件好会更有利于我们的成长，这就像在打牌的时候手中握了一副好牌，与别人相比，具有了先天的优势。但是这把好牌不一定就能保证我们能最后获胜。反之，如果我们手上的牌不理想，也不一定会输，审时度势，小心应付，最终也许能大获全胜。更何况，手中的牌不好更是让自己多了一份小心，也多了一份赢牌的胜算。

当然，如果自己的人生低起点，环境不好，也不要灰心。自古英才出寒家，这个道理已经被无数的事实所证明。低起点的人生让我们拥有了苦难，这也是一笔别人无法体会到的财富。

人生之初我们也许无法选择，但是人生之路却需要我们自己来走。是走一条奋斗之路，还是走一条自甘堕落之路，主动权完全掌握在自己的手中，由你自己来决定。由此可见，人生也是一部课本，让我们从中学到了很多。知识固然重要，但是人生的经历更重要，它对于一个人性格的锻炼和好习惯的培养都发挥着重要的作用。

社会生活中有很多课本上没有的知识

有很多的人之所以能够取得成功，与他们善于学习有关。事实上，那些获得巨大成就的人大多喜欢观察生活，有一颗敏锐的心，善于从生活中学到各种各样的知识，从而成就了自己的事业。

随着社会的高速发展，学校渐渐地不再是一个独立体，而是越来越广泛地同社会发生各种各样的内在联系，学生迟早要走向社会，面对社会中的一切问题。那么从生活中学到知识便显得很有必要。

事实上，现在树立"以社会为课堂，以生活为课本"的理念是学生探究生活中的各种知识，认识社会生活的条件。学生不仅需要不断关注现代社会、现代生活和现代科技，还要学会从"两耳不闻窗外事，一心只读圣贤书"的禁锢中走出来，充分利用、挖掘特有的社会资源。

学生们要想多学习社会知识，就要在业余时间经常走出课堂，走出校门，走进社会，融入并参与体验广阔的社会生活，从中获取新鲜的"营养"，开阔自己的视野，接受社会生活中的一些思想和信息，同时还要学会培养自己的创新精神和实践能力，促进多方面的情感、态度、价值观的综合发展。

历史上伟大的物理学家阿尔伯特·爱因斯坦，生下来就有些迟钝，老师因此常常批评他头脑太笨。但是，爱因斯坦却有自己与众不同的优点。那就是他从小就善于思考，积极探索生活中遇到的各种难题。无论遇到什么不平常的事情，他都会积极寻求答案，直到自己搞明白为止。

爱因斯坦 4 岁的时候，爸爸送给他一个罗盘当玩具。他拿着这个罗盘开始晃动，经过观察，他得出一个结论，那就是无论他怎么晃，只要停止动作，指针很快就会回到原处。而且指针的方向总是指向北方，即使用手指去拨，改变它的指向，只要一松手，它就会还回到原来的地方。这种现象引起了他的好奇心。强烈的求知欲已经开启了他的心扉，从此之后，他开始努力学习各种知识。

在爱因斯坦 16 岁那年，他的脑海中产生了这样一个问题，"如果人类用同光线一样的速度，和一束光线一起跑，他的眼睛里会看到什么呢？"当他就这个问题向别人请教的时候，得到的是嘲笑，包括老师在内，也认为他是无稽之谈。但是爱因斯坦却始终没有放弃对这个问题的钻研。事实上，这个问题本身就包含着相对论的雏形。

"时间、空间，别人以为早就明白的问题，我却一直没有搞清楚，所以我比

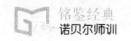

别人钻得深些。"这句话说明爱因斯坦始终保持对于知识的求知欲,所以他在相对论的研究方面取得了巨大的成就。

探索精神、好奇心和求知欲,爱因斯坦这些优秀的品质都是通过在生活中对于各种知识的学习而锻炼出来的。如果单纯依靠课本,是很难培养出这种品质的。

生活中有很多我们需要学习的知识,学海无涯,只有苦作舟才能到达胜利的彼岸。面对浩如烟海的人生知识,我们要时刻保持学习的热情,还要养成勤于思考的好习惯,这样才能从人生这本大书中学到有用的知识。

从社会中学习

1907 年,法国的阿尔方斯·拉夫伦获得了诺贝尔生理学或医学奖。很多人可能以为他小时候一定受到过良好的教育,实际恰好相反,他小时候家里很穷,父母无力供他上学。为了生活,他一边读书,一边在医学院的实验室里打工挣钱维持生活。虽然环境艰苦,他仍然没有放弃自己的梦想,常常在医生们进行病案讨论的时候悄悄站在一边做笔记,把一些医学知识记下来。年复一年积累下来,他终于有资格成为医学院一名特批入学的学生,为他今后的深造打下了良好的基础。

拉夫伦的故事说明,只要有心,在社会中自学也能成才。社会实质上也是另外一种形式的大学。

詹姆斯·杜威·沃森小的时候,有一次突然无缘无故地失踪了,害得父母一阵好找。最后,发现他正在学着母鸡的样子孵小鸡。所有的人都笑了起来。不过父母倒是对他细心观察大自然,喜欢深入思考的精神提出了表扬。在得到父母的肯定之后,小沃森后来把这种好学的精神发挥到研究学问中去,终于成了遗传学方面的专家,而且在 1962 年获得了诺贝尔医学奖。

　　一个喜欢接近大自然，对周围的环境充满了好奇心的人，必定会产生对知识的渴望，正是这些因素为其在社会中学习提供了原动力。

　　1851 年的秋天，7 岁的罗伯特·科赫跟着母亲去参加一位牧师的葬礼。大家含着热泪悼念因绝症去世的死者，给科赫留下了深刻的印象。他暗自下定决心，长大之后一定要做一名医生，专门治疗这种绝症，挽回那些病人的生命。十几年之后，伟大的德国医学家、大名鼎鼎的罗伯特·科赫以在传染病方面作出的巨大成绩，问心无愧地摘走了诺贝尔生理学或医学奖。

　　由上述这些故事，我们可以看到，现实社会中有很多的见识是课本上所学不到的，社会是一个更为广阔的课堂，它给我们的触动会更深刻。

　　一个人的成功包括多方面的因素，并不是仅仅因为所学的那些书本知识的积累。如果仅凭课堂上学到的那些知识来进行科学研究，是远远不够的。那些重大成就的取得，往往与人们自身的性格、当时社会环境等因素有关，而这些都与社会生活留在我们身上的烙印息息相关。

　　学习不是简单的记忆书本上的内容。探索精神、好奇心和求知欲这些优秀品质都要通过现实生活中所经历的事情来得到锻炼和培养。社会是一本内容浩瀚的大书，我们需要用一生的精力来参透和学习它。

忠  告

不要停留在书本，要用实践去检验知识

不要只是相信书本，要学会用实践来检验书本上的知识，所有的理论只停留在书本上是没有任何利用价值的。

——诺贝尔物理学奖获得者伽利尔摩·马可尼

我们通过读书，了解到许多知识，并且把这些知识当做自己认识新事物的基础。书本告诉了我们很多前人的经验和理论，这样可以让我们在学习的过程中少走一些弯路，但是这并不意味着我们只能相信书本。我们要灵活运用各种知识把自己对书本理论的理解应用到现实生活中去，并通过实践对这些知识进行检验。

不要被书本的理论所束缚

有一次，法国的科学家郎志万曾给一所学校的小学生们出了一道很奇怪的问题："如果一个容器里面装满了水，再加入其他物品时，水会从容器里面溢出来。但是如果把这些物品换成金鱼，那么水就不会溢出来，谁知道这是为什么呢？"

这个问题引起了学生们很大的兴趣。其中一个叫伊琳娜的小女生对他的话产生了怀疑，虽然他是一位著名的科学家，但是这个小女生却在做了几次实验之后找到他理直气壮地说："你说谎，我自己做过实验了，当我把一条金鱼放到容器里的时候，水也照样会溢出来。"

没想到郎志万笑着说："我是想让你们知道，科学家的话，也不一定都是对的，要动手自己做做看。"

我们一定要重视实践的作用。书本上的知识通过实验可以进行验证，检查对错，同时也可以让自己增长更多的见识。

比萨城的斜塔最出名的就是伽利略往下扔铁球的实验。希腊大哲学家亚里士多德认为："两个铁球，一个 10 磅重，一个 1 磅重，同时从高处下落，10 磅重的一定先着地，速度是 1 磅重的 10 倍。"但是伽利略通过多次实验来验证，亚里士多德说错了，于是伽利略向亚里士多德挑战，在比萨城的斜塔做了一次公开的实验，结果人们明白了亚里士多德说的话也不全是对的。

尽信书则不如无书，因此一定要在认真读书的同时别忘记去验证这些理论。在现实生活中，有很多的人不懂得如何去消化和理解书本上的知识，他们往往会被书本上的理论所束缚，从而使思想受到限制，不会独立思考和发展创新，用这样的方法来学习书本上的知识是毫无意义的。

我们要懂得学习方法，不要让自己的思想只是停留在书本之上。一个真正会学习的人，将来才会在社会上更好地生存，才会在科学研究上取得更大的进步。

在学习的时候，我们首先要从自己的兴趣着手，寻找自己感兴趣的话题，这样读书的效率才会高一些；在学习的时候，不要因为课题的影响而受学科分科的束缚，因为很多的学科之间，知识都是触类旁通，有着千丝万缕的联系的。一个人将来要从事研究的话，一定要学会综合地运用各个学科的知识和技能，这是根本。

学生在读书的过程中，最重要的不是把这些知识牢记在脑海中，成为一部背书的机器，而是通过解决这些问题，提高自己的能力，更好地理解书中的内容，

对自己学习新知识起到推动作用。

知识应用于实践中才有价值

1927 年 12 月 12 日，诺伊斯出生于美国的爱达荷州伯林顿，他后来成为美国一位著名的物理学家。诺伊斯对于学习一直非常认真，他觉得书本上的知识一定要灵活运用于实际当中，才具有价值。

1949 年，诺伊斯获格林尼学院文学学士学位，1953 年，获马萨诸塞州理工学院博士学位。1978 年，被达特默思学院授予荣誉理学博士称号。诺伊斯对于物理学一向非常感兴趣，在半导体器件物理学方面他曾获得了 16 项专利，并于 1958 年宣布制成第一块集成电路。

这位伟人最值得我们学习的地方，就是他非常喜欢把书本上的知识来做一些实际的应用。他曾对别人说过，自己不愿意从事纯理论性的科学研究。诺伊斯认为，只在生产领域，任何固态研究才能正常进行。诺伊斯曾经接收到很多世界知名公司的邀请，包括在当时极负盛名的贝尔实验室、IBM、RCA 和飞歌公司等。

当时，飞歌公司属于比较小的公司，但是诺伊斯却选择了它作为自己事业的起点。当时的飞歌公司刚刚增设了半导体部门，诺伊斯在这里开始了他的研究。3 年之后，他参加了一次大型的技术报告会，并把自己的研究成果在会上拿出来讲述，当时的半导体工业产业的巨头肖克利被他的报告深深地打动了。很久以来，人们对于半导体的应用大多停留在书本理论上，对于现实生活而言，并没有实现这门技术应有的价值。肖克利用一双智慧的眼睛，从诺伊斯的报告中看到了半导体应用的广阔前景。

以晶体管之父肖克利的威望，诺伊斯不再犹豫，两个人还没有见面的时候，他就开始在肖克利的实验室附近买了房子。不久，他投入到对半导体狂热的研究中去，并取得了杰出的成果。

这些伟大的成就让他的人格魅力光芒四射，直到今天，诺伊斯还常常被人们津津乐道，是人们心中乐于追随，值得信赖的领导人物。许多人认为如果要选出"数字时代之王"，那么这项桂冠非诺伊斯莫属，是他把那些只停留在理论上的东西变成了现实，并且让这些技术为我们提供了更优质的生活。

书本上的知识只有通过灵活运用才能真正地学到手。通过自己动手，还可以加深对知识的印象。我们在应用这些知识的时候，还可能发现前人留下的错误，从而更加接近事实的真相，并有所创新。如果知识只停留在书本上或者只是机械地记忆在我们的脑海中，是毫无价值的；我们要把学习到的知识应用于实际生活中，才具有真实的价值，才会让自己所学的知识学有所用，不至于白白浪费。

要学会灵活运用书本上的知识

1909 年，马可尼与布劳恩共同获得了诺贝尔物理学奖。他获得物理学奖的原因是在无线电方面作出的巨大成就。

马可尼小时候是一个非常喜欢动手做实验的孩子。他常常在业余时间摆弄各种线圈和电铃，而且对于电磁波的研究非常感兴趣。为了增加自己的知识，他大量阅读了当时的一些电气类杂志，对于赫兹的实验和洛奇的报告，充满了浓厚的兴趣。他认为如果有足够的灵敏度的检波器，便可以在更大的距离之外测出电磁波。于是，他常常尝试做一些实验来验证自己的想法。

后来，马可尼参加了工作，为了早日实现自己的梦想，马可尼开始大量地收

集资料和文章。他从来不迷信名人，不管这些作者有名气还是没有名气，只要他们在杂志上发表的论文对他有用，他就把这些文章收集起来为自己所用。每一篇文章他都会认真地阅读，然后进行仔细地分析。他把这些知识灵活进行运用，把每个人的优点集中起来用于对机器的改进。最终，他成功了。接收机在实验中终于收到了信号，带动电铃发出了响声。

人们非常感谢这位伟大的人物，直到今天，无线电通信还在为我们的生活提供各种便利。由此可见，只有把知识应用于实践当中，才能实现更大的价值。

书本上面记述的是前人的智慧和经验，它们可以为我们探索科学知识提供帮助，但是我们不能把自己的目光只停留在书本上。我们要学会和理解书本上的知识，然后消化吸收作为己用。要学会灵活运用书本上的知识，在前人的基础上进行知识的拓展和创新。不要把书本上的知识拿下来生搬硬套，搞教条主义和本本主义。实践出真知，要学会用实践去检验各种知识。

上学不是唯一的出路

当今社会中可以有多元化的选择，上学并不是唯一的出路。在进行选择时，应该多思考一下，选择一个最好的途径，在选择时有得也有失，这里有很多关于取和舍的奥秘。有时候，如果我们可以放弃一些固执、限制甚至是利益，反而会得到更多。

——诺贝尔文学奖获得者魏尔纳·冯·海登斯塔姆

当今社会已经处于多元化的发展阶段，上大学虽然是大多数人改变命运的方式，但是却不是唯一的出路。对于这一点，社会上有很多的看法，家长和老师也有自己的意见。

对于家长而言，首要的想法是自己的孩子将来能够过上物质比较富裕的生活。对于老师而言，当然也希望自己的学生能够学到足够的知识以便于更好地适应这个社会，因此希望学生时代的孩子尽量不要过早地步入社会。

根据实际情况进行多元选择

弗雷德里克·米斯塔尔是法国的一位伟大诗人。主要作品有诗作《普罗旺斯》《米洛依》等。1904 年，他的作品《金岛》获得了诺贝尔文学奖。公认的获奖理由是："他的诗作蕴涵之清新创造性与真正的感召力，它忠实地反映了他民族

的质朴精神"。

其实他的获奖原因也源于在当初进行了多元选择，1851 年，他在埃克斯大学法学院获得学士学位后，本来可以成为律师的，但是他却决心从事诗歌创作和奥克语的研究。到了 1852 年，他尝试着创作出第一部长诗《普罗旺斯》。他还曾经试图研究和复兴普罗旺斯文化和语言，后来他又把研究范围扩大到整个法国南方，即奥克语地区。当然，到了最后，他发现诗歌才是自己的最爱，于是开始专心从事关于诗歌的写作，在自己的努力下终于获得了诺贝尔文学奖。

从这个事例我们可以看出，人的一生可供选择的道路有很多，如果发现自己在这个方向上没有天分，那么就重新找一个奋斗的方向。上学虽然不能作为人生唯一的出路，但是我们的人生要不断地学习。

本杰明没有机会进入大学学习，因为他的成绩并不好，在入学考试中落选了。家里的人很为他感到担心——今后的人生之路该怎么走呢？如果没有大学文凭将会很难找到一份比较好的工作。本杰明对自己的未来也感到非常迷惘，更是感觉愧对父母。

有一天，他的叔叔来做客，问他是否有兴趣将来去做一名厨师。本杰明当时感觉叔叔是在说笑。因为他的父母都是高级知识分子，而且在商界做得相当出色。如果自己去做厨师，还不把父母的脸面都丢尽了吗？想到这里，他拒绝了叔叔的好意。

叔叔看出了他的心思，于是问他："你是不是打算就这样一辈子依靠父母生活？一个人如果不能自食其力，才是最没有脸面的事情。"

本杰明经过慎重考虑，同意了叔叔的提议。他决定开始新的尝试。由于他本身就非常喜欢这一行业，因此学起来非常顺利。他毕业之后，进入饭店上班，由于为人踏实肯干，再加上具有这方面的天分，很快成为一家三星级大饭店的大厨。

当他拿到高出父母好多倍的工资时，他才明白，自己终于找到了人生的方向。

可见，每个人的情况各不相同，在这个可以供我们多元化选择的年代，一定要找准自己的定位。

实现自己在社会中的价值

对于每个人来说，自己身上都有无尽的潜能可供开发。上帝对于每个人都是公平的，他赐予每个人无穷的机会可以去利用。这份潜能在人的身上就如同是一个沉睡的巨人，它在随时等待着主人去唤醒。这段话是成功学家罗宾在《唤醒心中的巨人》这本书中提到的内容。每一个人都有自身对于社会的意义，都有自身的价值可以去实现。

有这样一个故事。上帝给每个人都送上两杯酒，一杯是苦的，另外一杯是甜的。每个人都要把这两杯酒饮下去。有的人先喝苦的，再喝甜的；有的则正好相反；还有的人把两杯混在一起喝。

事实上，我们的生活就是如此，既要承受磨难，同时也享受到了生活赐予我们的幸福。上帝不会让一个人一生一世开开心心，当然也不会让人痛苦一辈子，没有一丁点儿快乐。人的一生是苦乐参半的，每一个人都要积极去面对，勇敢地去选择。

现代社会，每个人都面临着巨大的压力。竞争激烈的生存状况让很多人感到不知所措。当学生们走出校门的时候，总会感到一片茫然，手足无措。但是只要确定自己选择的方向，就要坚定地走下去，去迎接各种挑战。

小鸟长大之后，就要学会自己觅食。人长大了，也要学会独立，没有谁会永远生活在襁褓里，总要去面对社会上的一切。如果离开了校园，或者失去了上大

学的机会，也不要太在意别人的目光，更不要害怕那些无聊的嘲笑。拿出自信对自己说：我能行！

每一个人都会找到自己的发展机会，只要明确了奋斗方向，找到自己认为最重要的事情去做，就能在社会中实现自己的价值。

有这样一位女孩，她非常喜欢玩具，她的名字叫玛丽。由于通过她鉴别的玩具销量很好，因此她在玩具公司工作的时候，给公司带来了巨大的利润；后来她和别人合作开了一家卡特科玩具公司，小玛丽才 15 岁就做了这家公司的总裁。她不仅从公司中可以挣到 20 万美元的年薪，而且还拥有卡特科公司 5%的股份，这笔钱将在 5000 万～7000 万美元。

这位年轻的小姑娘并没有被财富冲昏头脑，她对别人说也许自己将来还会去上大学，有可能选择心理学作为自己的专业。当与这位小姑娘同龄的孩子们还在学校读书的时候，她已经在社会上取得了巨大的成功。

有些学生有可能在高中时代就要离开校园开始自己的社会生活，为了更好地适应社会，应对社会和自身价值有正确的认识，并为订立的目标不懈努力。

步入社会，要努力去适应周围的生活

每年都有相当数量的一部分学生离开高中直接进入专业学院深造或者是走向社会开始工作。一个新的社会环境开始展现在面前，面对这一切，一定要调整好自己的心态，积极地去应对。

首先，在社会上要珍视自己的人品。一个人品高尚的人，才会在社会上畅通无阻。人品对于所有的公司和企业来讲，都是很重要的。如果人品不好，在哪儿都不会有立足之地。刚刚走出校门的学生，开始工作之后的第一件事情就是态度，一个良好的心态可以决定我们的一切。诚信、踏实、肯干……这些可贵的品质将会让我们一生受益。如果做不到这些，即使从业之后，也可能会给公司带来不好的影响。

其次，就是要做好自己的本职工作，这是在社会立足的基础。在最开始的日子里，不是考虑职业发展前途的问题，因为这样会有些急功近利；而是要先搞清楚一个问题，那就是："我是谁？"这对我们自己的人生规划具有重要的意义。

对于求职的学生来说，在最初的工作中，首先要去做的就是胜任自己的职位，把自己手头上的工作做好，这是最基本的条件。要踏实地去做每一件事情，把自己的心态调整好，不要好高骛远。只有自己的心态平和下来，同时积累了社会经验，才会懂得自己的优点在哪里，适合在哪里发展，然后再着手为这些改变做出努力。当把自己的工作做好了之后，才会建立起自己的起飞平台，剩下的时间就是如何在空中翱翔的问题了。

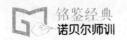
忠  告

为人处世比学习更重要

不能把我们的精神世界变成单纯的学习知识。如果我们将全部精神力量都专注到功课上去，那么生活就会变得不堪忍受。学生不仅应该是一个学生，而且首先应该是一个有多方面兴趣、要求和愿望的人。

——诺贝尔生理学或医学奖获得者路易斯·J·伊格纳罗

为人处世在日常生活中非常重要。处世做人，德排在首位，一个人的品德和性格对他的一生产生着至关重要的影响。品德和道德是人格品质的集中体现，对于一个人的成功也发挥着巨大的影响。

"为人"是指立身之根本，一个人的行为必须合乎于道德应有的规范，才会在日常生活中以良好形象示人。"处世"指与人交往之道，这个过程中要以德待人。"做人"是处世的前提，也是处世的基本原则。

注重自身修养，以德待人

在追求知识的同时，还需要加强自身的人格修养，这也是促进成功的一个方面。首先要做到胸怀坦荡，与人为善。对待别人要宽容，严于律己，宽以待人。"世界上最宽广的是天空，比天空更宽广的是大海，比大海更宽广的是人的胸怀。"这是法国作家雨果的一句名言，也是我们熟知的道理。

世界上有很多伟大的人，他们之所以伟大，源于他们高尚的品质，而宽容便是这些高尚品质中不可缺少的一种。对别人宽容，是主体智慧高水平的体现。宽容也是一个人为人处世的艺术，与此同时，也是一个人基本素质水平的体现。

中世纪的时候，有一个德高望重的教士。有一天，他收到亲戚写给他的一封家书。信中说他的一位外甥整天花天酒地，荒废学业。大家希望他能回去劝说这位年轻人，让他走上正路。

后来，这位老先生来到了外甥家做客。外甥热情地招待了这位舅舅，当然，他也心虚，唯恐舅舅狠狠地教训自己一顿。出人意料的是，舅舅却什么也没有说，吃好喝好，然后就准备告辞了。外甥的一颗心总算落了地。舅舅接着又说："你能帮我系下鞋带吗？"外甥一听，立刻蹲下来完成了这个简单的任务。

教士露出了满意的笑容："人老了就没有用了。你现在应该趁着年轻多学点儿知识，这样以后才能做好自己的事业。"老人说完，上车走了。外甥从中体会到了舅舅的良苦用心，从此之后洗心革面，痛改前非，很快，他做出了属于自己的事业。

其实，舅舅对外甥采取的是一种宽容的态度，它的作用胜过无数说教，既保护了他的自尊心，又给了他改正的机会。

我们不是生活在真空世界里，因此平时不可避免地会受到一些伤害，面对这些伤害，我们不能以仇报怨，让伤害继续，而是应该宽容待人，让一切仇恨随风而散。这是提高自身修养的一个方面，与此同时，也是我们放下心理负担，轻装奔向成功的一个秘诀。

"尺有所短，寸有所长。"每个人都有自己的不足和缺点，因此也免不了会犯错误，这个时候就需要用宽容来体谅和理解这种客观存在的"不完美"。其实，就是我们自己本身也有大脑短路，一时糊涂做错事的时候，推己及人，宽容就显

得极为必要。

宽容是人间最动人的情感，它催生了善良和美好的花朵。一个人做到了宽容，也就做到了胸怀宽广，与此同时，也会让自己忘记愤怒和仇恨，从而减轻了心理负担，过得更加开心和愉快。

学会沟通与合作

在获得诺贝尔奖的人当中，绝大部分人的背后往往都有一个团体或小组在默默地支持他们。一个人孤军奋战，再有能力也赶不上一个团体的团结协作。一个人只有学会了沟通与合作，才会在科学研究的道路上左右逢源，事半功倍。

无论我们具备何种性格，必须要学会与别人沟通与合作。与别人共事，就必须事先知道对方的性格与喜好，为下一步沟通关系的发展打下基础。

当然了，"萝卜白菜，各有所爱"。不同的人有不同的结交朋友的原则，我们必须去试着了解并区分这些不同来结交新朋友。千万不要小视你的这些伙伴，也许他们会在你今后的工作和生活中助你一臂之力。"物以类聚，人以群分。"有着相同爱好的人对自己来说更容易打交道，并且能让我们感到结识新朋友的乐趣。

学生在学习过程中，也需要与其他的同学进行沟通，交流学习方法和学习经验，这些做法一定会让你受益匪浅。实质上，我们与别人合作的过程与合作的结果是一样重要的。合作虽然有时候会让我们感到自我的空间变小，受到了一定程度的限制，但是从另外一方面来讲，它会让我们与朋友之间互相袒露心迹，以诚相待，这样的合作会让我们更加接近自己的目标。因此，为了整体的利益牺牲个人的一部分空间是非常有价值的，因为我们也将从中受益。

合作会让我们懂得如何去帮助别人，另外自己也在传授知识的过程中对学科知识作了更深入的了解和深化，教学相长会让我们得到更多。

如果我们拒绝与别人合作，缺乏与别人沟通和交往的能力，那么这个缺点会严重阻碍我们事业的发展，给我们的学习和工作带来困扰。欧洲著名的心理分析家 A·阿德勒认为："假使一个人未曾学会合群之道，他必定会走向孤僻之途，并产生牢固的自卑情绪，严重影响他一生的发展。"可见，学会交往与合作是多么重要。

据相关资料介绍，诺贝尔科学奖从 1901 年首次开始颁奖到现在，已经有了一百多年的历史。在这些获奖的人当中，年龄最小的 25 岁，而年龄最大的 88 岁，与此同时，父女、父子、夫妻、兄弟获奖的情况也很常见。这些人的研究成果大都需要很长的时间来完成，因此必须投入更大的精力和热情来进行工作，这种情况之下，很少有人能单独从事一项研究来获奖，因此获奖更多的是"一对科学家"。这是科学发展史上一个很重要的方式。

在诺贝尔奖设立的第一个 25 年当中，合作研究的获奖者达到了 41%，但是很快，到了第二个 25 年，这个比例上升到了 65%，到了第三个 25 年，更是高达 75%——这是美国的科学史研究者朱克曼在对诺贝尔奖获奖者进行研究时发现的。

由此可见，团队合作，与人互助是多么的重要，而且随着时代的发展，这种合作变得越来越有必要。一个人的团体合作精神，是获得成功的必备品质。要想在今后的社会激烈竞争中站稳脚跟，良好的团队意识是非常有必要的。

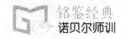
学习切勿单一发展，要培养多方面的兴趣

现在的学生有很多是独生子女，因此常常以自我为中心，很少考虑别人的感受，而所有的家长围着孩子转又强化了这种精神。家长最关心的是孩子的学习成绩，在他们眼中，孩子的学习成绩才是最重要的。家长的这些看法也直接影响到了孩子的想法，他们会认为学习是最重要的事情，因此很容易养成一种只会单一学习，从不关心周围事物的习惯。实际上，这样不利于孩子身心健康的发展，为培养孩于多方面的兴趣造成了阻碍。

如果一个人常常以"自我"为中心，只单纯关注学习，那么他的人生是不健全的，也是不成功的。在这个过程中，还很容易养成自私和固执等不良的个性，这些都会对孩子将来的人生产生不利的影响。

每个人从小就要意识到团队合作的重要性，要懂得凡事不能只顾自己，不顾别人，还要学会站在别人的立场上考虑，树立人人平等的意识。一个人只有在团队合作中才能更大地体现出自己的价值。

一个伟大和杰出的人，他身上的优秀品质相比个人成就来说更能获得人们的敬重。如果我们能够以友善、坦诚、平等和尊重的态度来对待他人，将会获得更多的帮助——得道多助，失道寡助。为人处世，往往比学习更加重要，它带给我们的影响是极为重大的，学会为人处世，你会感觉办起事来事半功倍。

品格重于知识

如果能随理想而生活，本着正直自由的精神，勇敢直前的毅力，诚实不自欺的思想而行，一定能臻于至美至善的境地。

——诺贝尔物理学奖和化学奖获得者玛丽·斯可罗多夫斯卡·居里

当世人惊叹于诺贝尔奖获得者才能的时候，却往往会更加敬重他们的优秀品格。在这些获奖者当中，居里夫人是历史上第一个获得两项诺贝尔奖的人，而且是仅有的两个在不同的领域获得诺贝尔奖的人之一。她先后获得了诺贝尔物理学奖和诺贝尔化学奖。她是多年来成功女性的先驱，同时具有其他科学家所没有的社会影响。在居里夫人获得诺贝尔奖之后，她并没有为提炼纯净镭的方法申请专利，而将之公布于众，这种做法有效地推动了放射化学的发展。

居里夫人能成为世界上伟大的科学家，与她的优秀品格是密不可分的。对于学生来说，品格的培养比知识的灌输更为重要。

优秀的品格是人生最大的财富

优秀的品格是一个人成功所必备的品德修养。拥有优秀的品格，会让我们在成功的道路上领先一步。1997年获得诺贝尔物理学奖的科学家克劳德·科恩-坦

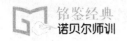

诺奇将他事业上的成功与自己所受的家庭教育联系在了一起。他认为正是在接受家庭教育的过程中培养了优秀的品格，才会让自己作出了不同凡响的成就。

克劳德·科恩－坦诺奇是一位犹太人。在历史上，很多的获奖者都是犹太人。从民族传统来说，犹太人把教育放在首位。父母通常情况之下最重视孩子们的品格培养，认为优秀的品格才是人生最大的财富。

克劳德·科恩－坦诺奇谈起自己的家庭生活时提到，"我的父亲善于自学，他不仅是对有关于《圣经》和《犹太法典》的知识很重视，而且还对哲学、心理学和历史有着强烈的兴趣和爱好。"父亲的好学直接影响了坦诺奇，让他明白了自学的重要性，从小就养成了好学的优良品格。

科恩－坦诺奇不仅学到了父亲的优点，而且还在家人的影响下懂得了一个道理，那就是学会与别人共同分享这些知识。他觉得把自己的成就与别人共同分享是世间最大的乐趣，到现在为止，他还对教学乐此不疲。

科恩－坦诺奇的经历说明，优秀的品格可以给自己带来巨大的财富。他是一个勤学好问的人，对于知识抱有一种渴求的态度，这在无形中促进了他的成功。我们如果具有这种优秀的品格，努力去学习各种知识的同时，已经为自己的将来做好了铺垫。优秀的品格让我们在通往成功的路上一往无前。

我们还要学会去无私地帮助别人，在传授知识的同时，我们自己同时也在学习新的知识，还可以促使自己做新的实验，对于发展新的理论非常有帮助。科恩－坦诺奇就是如此，他与学生的不断探讨成了追求卓越的原动力。

获得诺贝尔奖最重要的作用就是让世人了解到了科学的重要性，以奖金和荣誉来向世人表明科学对于人类的贡献很大。我们的生活得以改观，主要是因为化学家和物理学家等许多科学家的重大发现。他们的成功源于个人那些求知好学、不断钻研的高贵品质，这些优秀的品格成为他们人生最大的财富，甚至也是世界的财富。

诚实品格的培养重于知识的灌输

优秀的品格源于学生从小被灌输的思想。但是能不能真正地具备这种修养就要看你个人的努力了。一个品格优秀的人所要做到的最基本的一点就是诚实，真正做到以诚待人。

诚实是我们要把自己的一切情况原本地反映给别人，公正地评价自己。为了把自己最令人满意的一面展现给周围的人，很多人都会有过度夸大自己的正面形象的做法，尽管这些做法有可能只是你潜意识的表现，但是它的出现多多少少会有虚假的成分存在。虽然这些令自己满意的情况会为我们自身精神的振作起到一定的作用，但是过程其实是很危险的。因为一知半解和自我欺骗会形成一种假象，就像小时候吹出的肥皂泡一样，虽然在阳光的照射下五光十色，非常美丽，但是这个肥皂泡却有随时破裂的危险。

诚实要求我们要真实地评价自己。人类的大智慧除了用于改造大自然，同时也要用在自己的身上，那就是了解自己，并真实评价自己。从人的潜意识来说，常常会有自爱的倾向。自爱和其他的感情一样是带有主观色彩的，因此它的结论并不一定准确。

作为一名学生，要全面认识到自己的弱点和缺点，当然，也包括优点，只有扬长避短，才能有所发展和进步。当然，我们不能忽视别人对自己的看法，但是起到决定性作用的还是自我的诚实评价。别人的评价很可能加了赞美和友好的成分，唯有自己时刻警惕自己的缺点，才会得出正确的结论，并积极进行改进。

我们要学会与他们真实沟通和合作，这也是优秀品格的特点之一。我们必须

诚实地评价自己，并向外人展示自己。这样，周围的人才会相信自己。当和别人在一起学习、研究或者进行合作的时候，如果不诚实的话，当时可能无关紧要，但是如果慢慢累积起来，就会失去别人的信任，从而让大家远离你，孤立你。

相反，如果你认识到了自己的不足，然后加倍努力，自己学到尽可能多的东西。那么别人向你请教的时候，就会扩大知识的影响，然后再加上他们的努力，就有可能把这些知识扩大到更大的范围中去。

我们不要担心自己不行，更不能害怕让别人知道这一点，人与人之间的交流要做到坦诚相待，不要靠欺骗来取得别人对你的好感。如果自己诚实地与别人交流，与自己小组的成员沟通，那么他们在做事情的时候会综合考虑你的情况，为你量身定做最合适的任务，这样你就会更好地完成计划，总能学到更多的东西。

锤炼品格，走向成功之路

德国物理学家威廉·康拉德·伦琴是 X 射线的发现者，第一届诺贝尔物理学奖的获得者。他的科学成就为多个科学领域提供了一个行之有效的分析手段。X 射线的发现为电子论的创立提供了有力的实验依据，而且让人们对于原来的原子论学说有了更新的认识。在当时，X 射线曾被科学家们称为"世纪之光"。

伦琴发现这种射线之后，并没有忙于到处宣扬。他为了拿到确切的理论数据，采用各种条件进行反复验证，最终确定了这一结论。直到现在，在医院中，体检时还在采用 X 光，这种光线对于疾病的诊断起到的作用非同凡响，可以说伦琴的功绩光照千秋。

伦琴的品格更是让世人称赞。他的一生对于名利并不看重。虽然当时有很多有名望的人提议用"伦琴射线"来代替"X 射线"，但是这位科学家坚持使用原来的名字。虽然他获得了如此巨大的成就，却一生不愿意在公开的场合发表关于自己的成就的演说。在所有的诺贝尔奖获得者中，没有发表获奖演说的只有一位——伦琴。不仅如此，获得的诺贝尔奖金他也分毫未动，悉数捐给了维尔茨堡大学。

曾经有很多的商人找过伦琴，想以重金来购买技术专利，但是却遭到了伦琴的拒绝，因为他认为："根据德国教授的优良传统，我认为他们的发明和发现都属于整个人类。这些发明和发现绝不应受专利权、特许权、合同等的限制，也不应受到任何集团的控制。"这种无私的高尚品格感染了很多人，对于人类文明的贡献甚至胜过了他在科学上所取得的成就。拥有良好高尚的品格，将会在通往成功的道路上无往而不胜。

伦琴发现射线的过程源于一个偶然的实验。在当时，他所做实验用的仪器都是很普通的，而且他采用的实验技术也是实验室中常见的那一种。伦琴的实验也是很多人都做过的。但是不同的是，其他人没有发现，而细心的伦琴却发现了这一细小的重要线索。这与伦琴踏实的工作风格和严谨的求学态度是分不开的。一个人如果没有这些品格，是很难取得伟大成就的。

一个走向成功的人，必定会拥有各种可贵的品格。当我们遇到各种各样的难题的时候，那些可贵的品格会在潜移默化中影响我们的决定。

品格是一个人思想内涵的外在体现，它决定了人的情趣与志向。一个人精神力量的源泉来自他自身的品格，渊博的知识只有在优秀的品格作用下才能真正发挥作用。

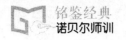
忠  告

爱是人生最好的老师

爱是人生最好的老师，每个人都要学会如何去爱周围的人，懂得了爱才会懂得尊重和珍惜才会对生活充满希望，去追求成功。

——诺贝尔生理学或医学奖获得者弗雷德里克·格兰特·班廷

人生中最重要的东西，莫过于要学会爱。爱是人生最好的老师，如果没有爱这个世界将会变得可怕而黯淡。人要先学会自爱，尊重自己，继而升华到爱周围的人，爱这个世界上一切美好的事物。

爱就像我们生活中的阳光一样必不可少，让我们对这个世界充满希望。学会了爱，我们才会在通往成功的道路上拥有无尽的力量！

我们要学会如何去热爱生活，热爱周围的人，热爱一切美好的事物，这是非常重要的。只有懂得了如何去爱，我们才能真诚地去对待周围的每一个人，同样爱心也会令我们热爱自己的工作，以负责的态度对待每一件事情，这也是通向成功的重要途径。

我们要爱自己的父母，因为是他们让我们来到这个世界，让我们体会到关爱与呵护；我们要爱自己的朋友，因为是他们让我们体会到了友爱的温暖；我们要爱自己的老师，因为老师让我们学到了很多的知识。爱在我们的生活中占有重要的地位。

学会爱，首先要做到的就是无私的奉献，尽自己的力量，让你周围所有的人都感到幸福。爱能给我们带来希望，也能让我们的心灵发出圣洁的光芒。爱让我们得到更多的鼓励和温暖，让我们离成功不再遥远。

爱心要从小培养

诺贝尔生理学或医学奖的获得者弗雷德里克·格兰特·班廷小时候就是一位富有爱心的孩子。他和同学们的关系一直处得非常好，由于他心地善良，大家都喜欢和他在一起玩。

平时，大家都是在一起吃午餐。有一次，同学们突然发现班廷没有和他们一起吃午餐。同学们很纳闷，难道班廷在利用中午的时间偷偷学习吗？在接下来的几天里，细心的同学们发现班廷每天的午餐都是以啃干面包来解决的。于是大家纷纷询问其中的原因。

原来半个月之前，班廷在街上无意中遇到了一位贫苦的产妇。通过谈话得知，这位可怜的妇女就住在他们医学院附属医院附近，而且家中还有三个小宝宝也缺少食物，急需救济。

面对这一情况，班廷把自己一个月的伙食费拿了出来，交到了这位妇女的手中，但是他自己却只能啃着干面包度日。这件事情让大家都很感动。

因为班廷的父母从小就教育他要有爱心，这让他学会主动去关心生活中有困难的人，更让他深深同情那些被病痛折磨的人，从而开始尝试着用自己的能力帮助他们解除病痛。

只有从小培养爱心，才会细心地关心每一个人。然后以爱为友，全力以赴，锲而不舍，那么就能够得到命运的垂青，成为生活的主角，走向成功的彼岸。班

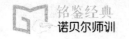
廷正是这样做的，爱心让他懂得奉献，从而给他带来了巨大的回报。

关于如何培养孩子爱心，我们给出的建议是：

（1）学会爱护身边的小动物，养成爱惜小生命的品质。

（2）学会在生活中善待他人。

（3）做个有同情心的人。当你对那些处于弱势的群体献出自己的同情心的时候，那么爱心已经在无意中得到了培养。

懂得爱让我们成功

缪勒小时候，家里常常来一些陌生的流浪汉，他们都是善良的父亲收留下来的。他对于父亲的这种行为十分敬佩，同时也决定效仿。

缪勒上学的时候，课间常常去操场上活动。按老师的要求，学生们要排成整齐的队列，认真地做广播体操。每当这个时候，很多年幼的小孩子常常跑过来观看。他们的肤色明显地与同学们不同，同学们都鄙视这些孩子，老师也很讨厌他们，叫他们"黑鬼"。

细心的小缪勒发现，这些孩子们经常偷听老师讲课。每当发现同学们上课的时候，窗台上就会露出几个黑孩子的小脑袋。当然，这些孩子心里也是胆怯的，他们怕被老师发现，尽量低着头。不过，最终老师还是没有放过他们，一声怒吼，辱骂声接二连三地响了起来，孩子们被吓得心惊胆战，急忙跑远了。小缪勒明白，这些孩子们渴望着能和他一样光明正大地坐在教室里，学习各种知识。

于是，天真的缪勒请求老师让这些黑孩子进来，和自己一起听课，但是老师却断然拒绝了。老师说这些黑孩子们都很贫穷，付不起学费，就算是他们有钱，也不可能与白人的孩子坐在同一个课堂上。最后，老师大发雷霆，斥责缪勒的无知和愚蠢。而缪勒的同学们也不能理解他的这种行为，纷纷开始嘲笑他。在他们的眼中，白人的地位远远高于黑人，这是最基本的常识，而缪勒却没有搞清楚这一点。不过，大家的看法并没有影响到缪勒，他觉得黑人与白人一样，也应该享有受教育的权利，不应该受到歧视。

在学校附近的拐角处，当几个蹲在那里的黑孩子正在难过地哭泣时，刚刚放学的缪勒找到了他们。

他热情地向这些孩子们打招呼，"你们好！到了吃晚饭的时间了，你们快回去吧！"几个黑孩子见了，很吃惊于这个白人小孩子的友好态度。他们壮起胆子说道："上帝都不会知道我们的晚餐在哪里！"

缪勒明白了，原来他们连最基本的饮食都不能保障。他听了很难过，于是热情地邀请孩子去自己家吃饭。但是黑孩子们却吓坏了，他们不相信这个白人小孩子说的话是真的，于是吓得转身就跑。

小缪勒跟在后面不停地喊："你们别跑，我说的是真的。我的爸爸妈妈特别好，一定会热情招待你们的。"

黑孩子们还是离他远远的，不敢靠近，他们不敢接受这个白人小伙伴的邀请。小缪勒却下定了决心，一定要把这些黑孩子请到自己的家里，于是他跑到这些孩子面前，拦住了他们。黑孩子们吃惊地看着他拿出来一些零食，不知道他要干什么。小缪勒把这些吃的塞到了黑孩子的手中，非要送给他们做晚餐。孩子们很开心，真诚地道谢之后跑远了。

此后几天，小缪勒经常拿着食物送给黑孩子们吃。细心的父母发现了他的这个小秘密，于是询问原因。当他们了解了事情的真相之后，非常支持儿子的做法。爸爸妈妈拿出了更多的食物，嘱咐他送给那些可怜的孩子们。

在当时的社会里，种族歧视根深蒂固。任何向黑人表示友好的白人，都会受

到同族人的唾弃，但是小缪勒却能够勇敢地面对这一切，向黑人小伙伴伸出了友爱的手，这主要是因为他那善良的父母一直在背后支持他。是父母的爱心让他学会了如何与人相处，如何去爱周围的人，这对他今后的人生观产生了巨大的影响。

缪勒对爱的理解是一种大爱，他的爱是这个世界上最伟大的情感，它可以不论种族，可以超越国界，可以不分性别。正因为他懂得了这种大爱，从而把它当成自己的人生信条，运用到自己后来的生活中，所以才取得了意想不到的成功。1946年，缪勒获得了诺贝尔生理学或医学奖。

当我们向周围的人展示自己的爱心时，首先一定要尊重他们，理解他们，消除对他们的误解，摒弃对他们的仇恨和偏见。爱会让我们觉得生活更加美好，并对生活充满希望，每一个人生命的产生都是一个伟大的奇迹。

要学会如何去表达自己的爱心，首先就要懂得如何去关心别人，保持一种尊重别人的态度，与周围的人进行平等的交流，多花一点儿时间在别人的身上，而不是自私自利，一切以自己为中心。

我们学会了如何去爱，也就会拥有一颗纯洁的心灵，也会让自己的眼睛更加明亮，可以发现一切美好的东西。这样一来，我们就会决心为周围的人献出自己的爱心，让他们得到更好的生活，与此同时，自己在精神上也会变得更加强大和富有。

纵观那些获得诺贝尔奖的人，大多具有积极的心态。而这种心态的来源，就是因为他们懂得如何去爱周围的人，怀有一颗感恩的心。我们只有积极对待自己的学科和志向，才会在通往成功的道路上一往无前。

谦虚是上进的动力

> 无论任何时候，我们都要保持一种谦虚的态度来对待人生，这样才会有前进的动力，并取得进步。谦虚的深层含义，就是对一切知识进行不懈的追求，与此同时，还要走出习惯的领域，进行独立思考和创新。
> ——诺贝尔文学奖获得者阿纳托尔·法朗士

谦虚是我国几千年来流传至今的一种美德，也是世界人民崇尚的优良品质。一个人努力进取的过程，与保持谦虚的心态是分不开的。如果在自己的成绩面前沾沾自喜，故步自封，那么很难会有大的发展。谦虚让我们拥有前进的不竭动力，面对理想的顶峰奋勇向前。

在进步与成功面前，谦虚可以让我们的头脑保持清醒，认识到自己的不足和差距，从而树立信心，向着新的目标前进。

拥有谦虚的美德

居里夫人一生获得各种奖金10次，各种奖章16枚，各种名誉头衔107个，但却始终是一个谦虚的人。有一天，她的一位朋友来她家做客，看到她甚至把英国皇家学会刚刚颁发给她的金质奖章当成玩具给自己的小女儿来玩。朋友见了惊讶地说："居里夫人，得到一枚英国皇家学会的奖章，是极高的荣誉，你怎么能

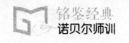

给孩子玩呢？"

居里夫人笑了笑说："我是想让孩子从小就知道，荣誉就像玩具，只能玩玩而已，绝不能看得太重，否则就将一事无成。"她一生创造、发展了放射科学，长期无畏地研究放射性物质，直至最后把生命贡献给了这门科学。

伟大的科学家阿尔伯特·爱因斯坦评价说："在所有的著名人物里面，玛丽·居里是唯一没有被盛名宠坏的人！"她能两次获得诺贝尔奖，与自己的谦虚品质是分不开的。

通过这个故事，我们可以看到谦虚的重要性。在现实生活中，优秀人格的基本要素就要求我们学会谦虚。一个顾全大局，虚怀若谷的人，往往懂得如何去尊重他人，从而具有与团队的协作精神。

谦虚的前提是自律和容人，我们要想拥有谦虚的美德，一定要严于律己，宽以待人。"我站在了巨人的肩上。"著名的科学家牛顿这句话让我们体会到了什么叫谦虚。作为学生，谦虚更是必不可少的美德。如果不谦虚，则很难看到自己的缺点，就会如井底之蛙一样沾沾自喜，感到得意和满足，从而停下了前进的脚步。

一个人对于细节的谦虚态度，常常说明了自身的气度，如果我们想走向成功，那么就不能眼高手低。细节决定成败，如果想做一番大事业，还是谦虚地从小事做起吧。

谦受益，满招损

诸葛亮的名言可能每一个人都听说过——"谦受益，满招损"。这句话提醒我们一定要注意保持谦虚的态度，这样才能富于前进的激情。

对于作家而言，获得诺贝尔文学奖是梦寐以求的事。这个奖项也是当今世界从事文学创作者所能获取的最高荣誉。当一个作家战胜了无数有力的竞争对手，在无数的优秀人物中脱颖而出的时候，可以想象他们的心情是多么的激动和自豪。当所有人把钦佩的目光投向获奖者的时候，他们将如何来表达自己的心情呢？

法国的作家法朗士的表现就很谦虚。他诚恳地在讲话的时候表达了自己的心情："我一直期待着在我一生中能有这一个夜晚，能与贵国勇敢而美丽的人民见面。满怀感激之情，我接受了这份诺贝尔文学奖，无疑，它将使我的文学生涯走向顶峰。"他的讲话表达了一种极为谦卑的态度，给人们留下了美好的印象，一时传为美谈。

现实生活中，有的年轻人在敢于突破传统思维的情况下很容易发生自鸣得意的情形，这是不可取的，如果你自身有这种毛病，那么一定要警惕。想想那些获得诺贝尔奖的科学家和学者们，大多是由于谦虚好学才取得了成绩，他们总是认为自己做得还不够好，这样才能在求知的路上保持长盛不衰的激情。事实上，只有谦恭的人，才会把自己的目光更多地投向别人的成绩，这样才会发自内心地去学习和借鉴，并不断地成熟和进步起来。

柏拉图就是一个非常谦虚的人。他在年轻的时候就已经成为学识渊博的人，但是他认为学无止境，自己还需要学习更多。于是他去雅典拜见苏格拉底，想做他的学生。当苏格拉底见到他的时候，首先对柏拉图的学识予以称赞，接着问他的来意。柏拉图诚恳地表达了自己的想法。苏格拉底表情平静地说："事实上您已经是一位博学多才的人了，世人皆知，为什么还要来我这儿学习呢？"

柏拉图谦虚地说："我向您学习是为了更好地认清自己。现在，我还做不到认清自己。"

苏格拉底笑了："我对自己的评价是：'我知道我一无所知'。你为什么还要来向我学习呢？"

柏拉图却认真地说："尽管雅典所有的人都说您是最有学问的人，但是您还在刻苦地学习来丰富自己的头脑，这正是您最值得学习的地方。我认为只有跟着您学习，才有可能学到真正的学问。"

苏格拉底表示柏拉图在事实上已经胜过了自己。

他们俩都是伟大的，不仅表现在学识上，更表现在了人格上，这种谦虚的人格让他们的智慧更加具有威慑力，让后人感动。

只有谦虚谨慎的人，才会赢得人们真正的尊重。在现实生活中，谦虚往往让我们获得好人缘，在遇到困难的时候很容易地获得别人的帮助；而那些狂妄的人，在受到挫折的时候，只会招来别人的耻笑。

懂得谦虚与创新的关系

有这样一个孩子，他在幼年时候非常喜欢画画，父亲很高兴，常常把他带到自己的画室去。孩子看到这些画很感兴趣，有时候长时间地观察父亲如何去作画。父亲还经常鼓励他细心观察事物的各种形态，以便于更好地运用绘画的技巧。

时间一天天过去了，孩子的绘画技能取得了长足的发展。有一天，当父亲让儿子帮自己把未画完的作品继续下去的时候，他大吃一惊，因为这个14岁的少年画得比他还要出色，于是他对自己的儿子大加赞赏。但是少年却认为自己的水平远远不够优秀，于是更加努力地画画。

这位少年就是巴勃罗•毕加索。他是当代西方最有创造性和影响最深远的艺术家。毕加索的一生辉煌之至，他是有史以来第一个活着亲眼看到自己的作品被收藏进卢浮宫的画家。尽管如此，他在获得盛名的情况下，仍然保持一颗谦虚的心，始终把自己当成一名求知的学生，对于绘画艺术进行不断的追求，对各种绘画技巧进行改革和创新。正因为如此，他的一生画法和风格才屡次发生变化，在20世纪，再没有一位画家像他那样高产而画风多变。这些成就的取得与他谦虚的品格有很大关系。

在日常生活中，我们不仅要谦虚，还要懂得谦虚与创新的关系。在印度等国家，大象常常被绑在小小的木柱子上。虽然它们可以轻而易举地把这些木柱子拽倒，然后四处乱跑。但事实上却几乎没有大象肯这样做。难道大象不喜欢自由吗？其实不是这样的，它们不跑是另有原因的。在象幼小的时候，常常会被拴在一根水泥柱子上或钢铁的柱子上，小象们曾经尝试着跑过多次，但是，它们总是跑不掉，久而久之，它们就以为自己是绝对不可能跑掉的。这个习惯一直维持到它们变成大象的时候都没有改变。

人有时候也会受习惯的影响，这些习惯把我们的想象力禁锢在固定的空间里，缺乏创新，让我们无法发挥更大的力量。谦虚固然是一种美德，但是如果长期对别人的知识成果顶礼膜拜，就会故步自封，无法取得新的发展和进步。

世界上有真才实学的人往往虚怀若谷，甘心接受别人提出的意见和批评，并认真地反省自己；而一些水平不高，胸无点墨的人，却往往自高自大，目中无人，在别人的眼中成了笑柄。

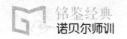

忠 23 告

对别人宽容

> 宽容是一种美德,它是一个人内在涵养的体现。宽容可以产生很大的力量,它是人类美好的情感,源自博大的胸怀,是通向成功的必备素质。
>
> ——诺贝尔物理学奖获得者高锟

宽容是一种博大的胸怀,也是人生中一种崇高的境界,它是一个人通向成功的必备素质。在生活中对别人宽容,才能学会沟通与合作;对别人宽容,才能具有更高更广的视野,这是一种做人的美德,也是一种个人涵养的表现。

宽容是一种美德

一个人如果心地善良,便会对天地间的一切充满怜悯之情,世界的万事万物都会被他的博大胸怀所包容。拥有宽容的美德,便拥有了世间最动人的情操。宽容是一种美德,如果能够做到这一点,将会去掉很多不必要的思想负担,变成一个快乐的人。

在现实生活中,我们会遇到很多让自己不开心的事情。比如,与同学闹了矛盾,发生了不愉快,或者别人触犯了自己的利益,好朋友说了自己的坏话,等等,在这些事情发生时,我们必须做到冷静和宽容。只有做到这一点,才有可能找到解决问题的办法。相反，如果我们态度强硬的话，将会很难让冲突得以和平解决。在解决问题的过程中，不要忽略了别人的感受，否则，也许会让我们辛辛苦苦建立起来的友谊毁于一旦。

需要注意的是，宽容并不是毫无原则地对待别人的错误，它有一定的限度。一个人要有自己的个性，也要随时维护自己的尊严。宽容不是纵容别人的坏习惯，如果有的人并不是无心犯下的错误，而是一种恶意的欺负，遇到这种情况，就要奋起反抗，保护自己的利益。当然，不能让纷争干扰了自己的视线，如果自己难以脱身，那么就要积极地寻求家长或者老师的帮助，他们的丰富阅历和人生经验，一定能帮助我们解决这些难题。

宽容的力量

宽容可以让人感觉人世间的美好，它折射出了人性的光辉，是通往幸福的钥匙。宽容往往能够影响一个人的性格和人生。

在美国南北战争期间，由于战争的进展非常缓慢，条件越来越艰苦，很多士兵战死疆场。当时有一个名叫罗斯韦尔·麦金太尔的年轻人在骑兵营做一名普通的士兵。由于没有接受任何的训练，所以他对作战有一种天生的恐惧。

在战场上，他不断看到让自己害怕的事情，实在忍受不了这种精神和肉体的折磨，只好做了逃兵。当然，按当时的法律，他被军事法庭判定死刑。当他的母亲知晓这件事情之后，向当时的总统林肯求情，希望能给自己的儿子一个机会，可以重新回到战场。当时的部队将领则认为军纪要严明，如果开了先例，很可能会让军心涣散。

林肯经过艰难的思索之后，决定用宽容来感化这个年轻人。他说了一句话：

"我认为，把一个年轻人枪毙对他本人绝对没有好处。"这句话成为他的一句名言。林肯写了一封亲笔信送到军营"本信将确保罗斯韦尔·麦金太尔重返兵营，在服完规定年限后，他将不受临阵脱逃的指控。"

这封信至今还存放于一家著名的图书馆进行展览。在这封信的旁边还加了一个纸条做说明："罗斯韦尔·麦金太尔牺牲于弗吉尼亚的一次激战中，此信是在他的贴身口袋里发现的。"

可以说正是宽容让麦金太尔从怯懦的逃兵变成了无畏的勇士，这是宽容伟大力量的体现。人的一生不可能不犯错，而宽容可以让这些错误拥有弥补的机会。

这个世界上，没有谁是完美的，因此每个人都会犯错误。如何对待错误便成了现实生活中我们必须要面对的问题。我们要学会充分地理解别人，做到对人宽容，这是做人的基本素质之一。

在这个世界上，是宽容把许许多多的纷争消弭于无形之中，让我们生活在和平的环境中。有很多的人就是因为宽容，才改变了自己的人生。宽容是一种美好的情感，学会了宽容，我们便会有更多收获。

宽容源自博大的胸怀

"光纤之父"高锟是世界闻名的科学家。这位获得诺贝尔物理学奖的伟大人物，让全世界华人都为之自豪。

他拥有声望和地位，并且在香港中文大学担任校长之职。可以想象这样一位德高望重的校长，在学校应该是说一不二、一呼百应的人物。但是事实上，这位人们想象中应该威严的校长，却常常被学生们的玩笑所折磨。

有一天，高锟参加了欢迎新生的大会，正在讲话的时候，突然有几个学生跑到主席台上，他们在众目睽睽之下把一个外面套了避孕套的玩偶娃娃硬塞到了高锟的手中。这些激进学生的意思就是：你把学生装进了套子当中，思想太僵化了。可以想象，当时的情景有多么尴尬，所有的学生都在那儿指指点点，大声笑着议论。

如果高锟认为这是对他人格的侮辱，可能当时就会勃然大怒，惩罚那些学生的无礼，但是他却没有这么做。让所有的人感到意外的是，他把这个娃娃拿在手中细细观察，然后轻轻放下，若无其事地继续他的演讲。

当时这件事情被传得沸沸扬扬，很多人都知道了，媒体上也进行了披露。记者们对这个新闻非常感兴趣，在公开的场合采访时对这一问题穷追不舍："那些学生们会因此受到惩罚吗？"

听了记者这么不客气的问话，高锟却只是笑着反问："为什么要惩罚我的学生呢？惩罚他们什么呢？"很显然，他已经原谅了那些学生，并且以宽容的心来看待这一切。

时隔多年，那些激进的学生都成了社会精英。如果高锟当时对学生没有宽容之心，收获的可能就不是这个结果了。

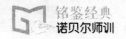
宽容可以制造一种轻松的氛围，有利于别人接近自己，并且迅速建立有效的沟通。一个人如果在受冒犯时表现出宽容，会更让人信服。这样一来，也就达到了宽容的真正目的。

我们在生活中离不开友情、爱情和亲情。试着学会用宽容去对待那些爱我们的人和我们所爱的人，它会让我们感受到这个世界上感情的纯洁和美好，从而对生活充满了信心，拥有了前进的动力，为自己的事业而奋斗。

在生活中，我们不可避免地会遇到别人的批评、朋友的误解、亲人的谴责……在这种情况下，一味的争吵只会让矛盾加剧，我们要学会冷静、忍耐和谅解。退一步，天地自然宽。

我们要努力去做一个宽容的人，对待家人，对待朋友，甚至对待陌生人。如果我们能以宽容之心来对待周围的人，也就掌握了人际交往的主动权，这样就会赢得对方的感激和尊敬，有利于我们事业的发展和成功。

拥有一颗宽容的心，将会让我们受益一生。

性格必须坚忍

勇敢面对各种失败，在生活中逐渐培养自己坚定的决心和坚忍不拔的毅力。

——诺贝尔和平奖获得者伊扎克·拉宾

在通往求知的路上，不可能总是一帆风顺。当挫折与我们不期而遇的时候，坚忍便成了我们战胜困难的有力武器。

苏轼曾在他的著作《晁错论》中提到："古之立大事者，不惟有超世之才，亦必有坚忍不拔之志。"这是古人的良训，它形象地说明了性格坚忍对于人生获得成功的巨大意义。

在这个世界上，没有一样东西可以代替坚忍不拔的毅力。才华不能，这个世界上有很多才华横溢却一事无成的人；学识不能，受过高等教育却一直在社会底层挣扎的人并不少见；天赋不能，有多少"神童"随着年龄的增大而变得越来越普通。唯有坚忍不拔的毅力，才能让前进的障碍在我们的面前变得不堪一击。

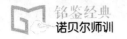

信念坚定能产生奇迹

在这个世界上，有些人天生就很不幸。

有一个5岁的小男孩，特别喜欢与小伙伴们一起玩。有一天，几个小伙伴在工具棚里玩战争游戏，拿了烧焊器当长剑打了起来。这个小男孩一时好奇，凑过去看热闹，结果意外发生了——小伙伴们把烧焊器捅进了他的左眼。虽然他被送入了医院，但是两只眼睛却由于交叉感染永远地失去了光明。这位可怜的小男孩就是麦克法兰。

麦克法兰从此开始在黑暗中学着摸索前进。当家长教他如何使用手杖或导盲犬的时候，他却大声地拒绝说："我绝不会做一个没有用处的瞎子，绝对不会！"就是这个信念，支撑着他一次又一次在跌倒的时候爬起来，哪怕摔得全身是伤，他也从来没有屈服在命运的魔掌之下。

慈爱的妈妈不忍心看着儿子受苦，于是手把手地教他一些生活上的基本技能。比如，如何把干草堆在一起，如何去挤牛奶，如何去摘取果树上的苹果……每当麦克法兰掌握其中一项技能的时候，他总是充满自豪地对着周围的人展示自己的自信："你们看，我不是个天生的瞎子，我是有用的。"

当家人打算把6岁的麦克法兰送到盲童学校的时候，他却强烈地抗议家人的做法，因为他希望周围的人能像对待正常人那样对待自己。一次偶然的机会，麦克法兰接触到了摔跤，很快他便喜欢上了这项运动。

麦克法兰从此变得更加勤奋，为了练好所学的动作，他把教练所规定的每天50个摔倒再爬起的动作升级成练习150遍。在这样高强度的训练之下，麦克法兰常常被摔得遍体鳞伤，就这样，他的摔跤技术得到了很大的提高。当他实在坚持不下去的时候，就一遍又一遍去冲凉水刺激自己的身体，同时在心底大声呼喊：

"我不是天生的瞎子！"

在这样坚定的信念之下，麦克法兰一次又一次打败了对手，他的自信心也在不断地增强。后来，他居然和正常人一样去参加比赛，并获得了很好的成绩。每当一个对手倒在他的脚下时，他总是坚定地说："我不是天生的瞎子！"

当麦克法兰成为加拿大摔跤小明星的时候，他并没有就此止步。他接着又开始进军其他领域——游泳、短跑、投标枪、掷铁饼……接下来的日子里，麦克法兰又先后在游泳、掷铁饼等比赛项目上取得了优异成绩——6个国际冠军和11项加拿大全国冠军。现在，当他出现在人们面前的时候，迎接他的不再是嘲笑，而是欢呼与尊敬！当大家询问原因的时候，他微笑着说："很简单，我不是天生的瞎子！"

麦克法兰用他自身的事迹告诉我们，只要信念坚定，奇迹必将会在自己的身上发生！

不害怕失败，坚忍就是胜利

在这个世界上，没有人喜欢失败。但是失败却是客观存在的事实，不可避免。失败是人生的一部分，无论我们多么讨厌它，却不可能完全避开它。国外有关部门曾专门做过研究，在293个著名的文艺家中，就有127人在生活中遇到过失败，其他人也不同程度地在生活中遇到过挫折，这些失败并没有让他们悲观和失望，反而让他们的生活变得更加不平凡。

失败固然让我们感到痛苦，但是却也有积极的一面。著名的作家巴尔扎克就曾经说过："世界上的事情永远不是绝对的，结果完全因人而异，苦难对于天才来说是一块垫脚石，它对于能干的人来说是一笔财富，对于弱者而言是一个万丈

深渊。"

以色列总理、国防部长拉宾一生倡导和平，反对战争。凭着卓越的才能，拉宾先后担任了以色列联合政府的国防部长，到了1992年，已经70岁的拉宾又出任了总理，并为了世界和平作出了巨大贡献。在他的努力之下，以色列和巴勒斯坦于1993年11月13日在美国白宫签署了《加沙—杰里科自治原则宣言》，这就意味着以色列与约旦两国将近50年的战争终于画上了句号。此后不久，"塔巴协议"等一些协议相继签订，受到了世界上拥护和平的正义者们的称赞。此后不久，拉宾当之无愧地获得诺贝尔和平奖。

早在拉宾服役期间，他就展现出了杰出的军事才能。1948年，以色列独立战争期间，拉宾奉命防守东耶路撒冷。当时他们只有三个营的兵力，却遇到了约旦阿拉伯军团数倍于自己的敌军发起的猛烈攻击。拉宾沉着稳定，带领部下英勇作战，成功击退了敌军的进攻。然而敌军并不死心，紧接着重整兵力，又发动了第二次猛烈的进攻，拉宾一边指挥战斗，一边考虑如何才能迅速取胜。

就在这危急关头，三位营长愁眉苦脸地出现在拉宾上校的面前。"现在弹药快要用完了，我们请求立刻开始撤退来保存部队实力。"拉宾冷静地询问了军中的情况，得知机枪的弹药已经用完，而战士手中的步枪子弹，平均起来也只够每个人四到五颗了。手榴弹更是紧缺，每个小队仅剩一到两枚。

当大家用期望的眼神望着拉宾的时候，得到的却是斩钉截铁的回答："我们决不能撤退。这是我们的耶路撒冷，我们一定要坚守住自己的阵地，坚持战斗下去。"各位营长听了他的话，不仅没有生气，反而被他坚定的情绪所感染，他们团结一致，共同对敌。

此时，阿拉伯军团的旅长与他们的境遇大致相同，经过一番战斗，他们每个小队的弹药也所剩无几了。阿拉伯军团的旅长面对敌军，作出了与拉宾相反的决定，"为了保存实力，全体撤退！"就这样，阿拉伯军团匆匆离开了阵地，放弃了对东耶路撒冷的进攻。拉宾所带领的军队不辱使命，守住了自己的领土。

从这件事可以看出，正是由于拉宾坚忍的性格，永不放弃的精神，才成就了辉煌的战绩，守住了自己的阵地。因此可以说，走近成功，离不开坚忍在背后的支撑。所以，面对一件事情的时候，我们不能害怕失败，应想法摆脱困境。

伟人之所以不平凡，是因为他们面对困难时所表现出来的超强意志力和正确的态度。认真分析原因，冷静对待，想尽各种办法解决问题，化解阻力，争取有个好的结果。

在学习过程中，我们经常需要面对各种各样的考试。当我们取得的成绩不理想时，不能灰心丧气，而是要以坚忍的性格去勇敢面对。

如何培养坚忍的性格

塑造坚忍性格的关键在于要明白自己要成为一个什么样的人。在确定了目标——想要成为一个既有耐心，又果断、坚忍的人之后，在遇到问题时就知道怎么面对了。

1. 用英雄人物的事迹鼓励自己

本杰明·富兰克林是美国第一位产生国际影响的科学家和发明家。但是当时，他写的电学论文曾被皇家刊物斥责为"幼稚可笑"，受到了当时学术权威们的嘲笑，还受到了不公正的人身攻击。但是富兰克林并没有畏难不前，他坚持自己的信念。他认为要想说服这些嘲笑自己的人，必须拿出有力的证据。

经过研究，他采用著名的"风筝实验"来证明自己的理论，最终获得了世界的公认。如果想当英雄或者想有所作为，就要学习那些不怕苦、不怕累、不怕打

击的英雄人物，只有有了这种坚忍的品质，才能克服在学习中遇到的种种困难，也才能勇敢地面对今后的生活。

2. 要坚忍，先勇敢

有的学生性格内向，见了陌生人就胆怯，甚至话也不敢说。这以后怎么能面对社会生活，怎么能和人打好交道？所以首先要培养自己的胆量，培养克服恐惧心理的素质。可以从熟悉的人开始，见面主动打招呼，慢慢地去接触一些自己未曾接触的领域，开阔自己的视野，养成独立解决问题的好习惯。

3. 树立坚定的信念

温家宝总理曾经说过，"每个人可以选择不同的道路，但必须树立这样的信念，就是要以坚定的决心和坚忍不拔的毅力，迈出人生最重要的一步。不论做什么工作都要把它做好。"

一个人要想在通往成功的路上战无不胜，攻无不克，树立坚定的信念必不可少。信念是指引我们前进的动力，而维持坚定信念的必要条件，就是具备坚忍的性格。一切都要坚持，坚持才能产生奇效。

忠 *25* 告

受挫时始终昂头

不要惧怕苦难，它是人生的一笔财富。面对挫折不要逃避，要用自己的理智多方面寻找突破口，用自己的智慧和毅力去克服它，解决它。我们要感谢生活赐予的苦难，让我们能够变得更加坚强。

——诺贝尔文学奖获得者沃尔特·惠特曼

人生在世，没有远虑必有近忧。从客观的角度来讲，挫折和苦难很现实地存在于我们的生活当中。如何应对这些层出不穷的挫折和苦难，便成了我们必须要面对的问题。学习从来就不是一件简单的事情。如果遇到困难，一定要树立起坚定的信心，培养坚毅的性格，以宽阔的胸怀面对人生的风风雨雨。

正确认识挫折

虽然人们常在送给别人祝福的时候说："祝你万事如意，一帆风顺。"但是事实上，人的一生并非处处是坦途，上帝就像是精明的生意人，把苦难和欢乐搭配在一起赐给我们。

有这样一个人，生活将无数的苦难强加在了他的身上。在他 4 岁的时候，患上了麻疹和强直性昏厥症，当时家人差点儿以为他没命了。在他 7 岁的时候，又得了严重的肺炎。当他 46 岁的时候，患上了严重的口腔疾病。在他 50 岁的时候，

声带坏了，与此同时，各种疾病接踵而来——关节炎、肠道炎和喉结核等相继来到他的身边。当他57岁的时候，病魔夺走了他的生命，就连他死后，也不得安宁，尸体先后被搬迁了8次之多。

这个很倒霉的人就是世界超级小提琴家帕格尼尼。就是在这些灾难之下，他也没有放弃自己深爱的音乐，他创立了独特的指法和弓法，让音乐充满魔力的旋律。

整个欧洲几乎所有的文学艺术大师大仲马、巴尔扎克、司汤达等都对他的演奏赞不绝口。歌德曾说："他在琴弦上展现了火一样的灵魂。"

无独有偶，弥尔顿的失明、贝多芬的失聪……这些大师们都遇到了常人难以忍受的苦难，但是他们依然笑对人生。

要正确认识挫折，做出全面的分析，当我们遇到挫折的时候，要保持冷静的头脑。首先，我们要认识到挫折是人生必不可少的一部分，我们喜欢也好，讨厌也罢，挫折总是我们绕不开的阻碍。生活是丰富多彩的，每个人都会有自己的喜怒哀乐，它们是相伴相生的。从整体来看，人类文明的创造、社会科技的发展，莫不与挫折和失败相关。

挫折是人生的一笔财富

苦难和挫折，对于不同的人，意义是不同的。强者把挫折看做人生的一笔财富，他们面对挫折有着无穷的勇气和进取精神，克服一切困难走向了辉煌。而弱者则在挫折面前低下了头，变得自卑和消沉，最终一事无成。

欧内斯特·海明威是美国小说家，一向以文坛硬汉著称，是美利坚民族的精神丰碑。然而，他在学写小说、诗歌的时候，想找一个出版商发表他的一篇东西，却遭遇了重重挫折，过了很长时间也一直没有找到。1922 年迅速地发生一连串事件，加速了他的希望，接着他又感到失望。他凭舍伍德·安徒森的一封介绍信，带着他的作品去见葛屈露德·斯泰因，对方却劝他放弃写作。

同时，他的身体也不允许他从事写作。战争中受到了很多伤害的他患有多种疾病。20 世纪 50 年代早期，海明威说过："对于作家来说，有战争的经验是难能可贵的。但这种经验太多了，却有危害。"最明显的伤害就是失眠，黑夜里整夜睡不着觉。这些挫折都没有影响到他。1954 年，他获得了诺贝尔文学奖。

其实，生活中的一切挫折并不全都是坏事。安宁舒适的生活，也许会让我们丧失斗志，满足现状，不思进取，从而度过平凡的一生，没有什么成就；而遇到挫折和苦难，却成为我们一生中宝贵的财富，让我们在战胜苦难的过程中懂得了什么叫坚强，让我们的性格在磨炼中变得坚韧，加深了我们对生活的认识。

有的人在听别人谈到财富的时候，常常会觉得自卑，一没有钱，二没有名，没有车没有房甚至没有一份像样的工作。但是我们却忘记了，自己还有一笔宝贵的财富——个人的经验，金钱只不过是财富中让所有人注重的一项。一个人今天的不成功，处于逆境中的磨炼，将会成为自己人生中一笔珍贵的财富。凭借这些经验和能力，将来做事情就有了良好的基础。

有些人之所以成功，并不是因为他们没有遇到挫折和失败。恰恰相反，也许他们遇到的挫折和失败比别人要多得多，但是他们并没有放弃努力。他们以坚忍不拔的毅力坚持了下去，让自己的消极情绪烟消云散，让自己的软弱无影无踪。

有很多的伟人都遇到过这样的经历，比如，哥白尼就曾经消沉忧郁过；伽利略曾经屈服于当时的社会压力；最为典型的就是贝多芬，他在接近而立之年的时候就有了失聪的先兆，这位年轻的作曲家为此感到忐忑不安，一位音乐家如果没有了听觉简直难以想象，因此他想到了自杀，幸亏他在困苦中挺了过来，并且获得了巨大的成功。直到今天，他的作品还在世界各地广泛地被演奏。斯特诺夫斯基说得好："人的生命似洪水在奔腾，不遇着岛屿和暗礁，难以激起美丽的浪花。"

曾任美国总统的林肯一生也曾多次遭受挫折。

在他 7 岁的时候，全家都被赶出了居住地。

在他 9 岁的时候，自己的母亲不幸去世。

当他 22 岁的时候，经商宣告失败。

次年，他在竞选州议员时落选。林肯在这个时候想要进法学院学习法律，但是却被学校拒之门外。

在他 24 岁这一年里，他再次经商失败。

在他 25 岁的时候，在竞选州议员的时候再次失败。

到了 27 岁，林肯无法忍受这些挫折，精神完全崩溃，卧病在床 6 个月。但是生活仍在考验他，失败再一次袭来，他在努力成为州议员的时候，再次失败，接着在参加被选举人及国会大选中相继落选……

可以说在这个过程中，他经受了无数的挫折与打击。然而最终他成功了，成为一位美国总统。

正是这些挫折成为他一生的宝贵财富，并且最终让他在事业上获得了成功。因此无论面对何种困难，我们都应该坚信这一点：我要有自信心，我要努力行动，这将是我一生中最宝贵的财富。

从挫折中总结经验教训

在遇到困难的时候，我们要学会经受各种考验，只有在困境中坚强地走过来，才有可能走向成功。在成长的过程中，要做到豁达，以宽广的胸怀来迎接生活中的各种挑战。

事实上，一次挫折有可能是一次新的机遇，经过全面的反思，总结经验和教训，更有利于我们重新上路。美国诗人惠特曼曾经说过："唯有在凛冽寒风中颤抖的人，才能感受到阳光的真正温暖。"同样的道理，只有在历尽人生的沧桑之后，我们才能奏出生命的强音。

当然，挫折的产生有时也有自身的原因。具体可以从以下几个方面进行分析。

首先，我们要考虑自己的目标是否正确，是不是太高或者方向错误，如果目标不合理，那么就要进行适当的调整。当年歌德就是在自己学了十年绘画没有成就的时候改走文学这条路的，并且最终获得了巨大的成功。

其次，要考虑自己的方法是否正确。错误的方法无异于南辕北辙，让我们坐失良机，白白浪费时间和精力，最后一事无成。

另外，我们还要认真分析这些阻力产生的原因，是由于自己的缺陷或者失误造成的，还是由于自己的能力不足造成的，或者是由于其他的客观的原因造成的，如果确实不能避免，那么就要积极地去想办法；勇敢地面对问题，解决问题。

生活的滋味是多种多样的，苦涩只是其中的一种，我们在尝过之后，才会觉得甜蜜的滋味是多么的美妙。

挫折是人生的一笔财富，它可以让我们的性格变得坚强，让我们的人生经历更加丰富多彩，让我们克服困难的能力得到提高，让我们的心态更加良好；相反，如果一切太过顺利的话，也许会让我们丧失斗志，无法取得更大的成功。

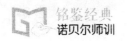

忠 26 告

苦难是生命的另类财富

　　苦难是人生的一部分，每个人在成长过程中都会经历各种各样的伤痛。苦难是人生中一笔宝贵的财富，真正的强者会从苦难中汲取力量，作出一番伟大的成就。

——诺贝尔文学奖获得者乔治·萧伯纳

　　从踏上人生之路开始，我们就必须接受生活赐予的一切，苦难与幸福都是其中的一部分。无论是谁，生活中都会经历苦难与挫折，它是我们前进路上的雕塑师，有时会把人塑造成英雄，但有时也会把人塑造成魔鬼，关键看你的抵抗力有多强。

　　有的人能身处困境绝不妥协，从苦难中汲取经验教训，但是有的人却经受不住生活的打磨，最后庸庸碌碌地度过自己的一生。苦难其实是生命的另类财富，关键要看你对待苦难的态度如何。

苦难是人生经历的一部分

　　乔治·萧伯纳是爱尔兰剧作家，因为他的作品具有理想主义和人道主义精神而获得了 1925 年的诺贝尔文学奖。就是这样一位伟大的作家，在童年和青年时代都经历过苦难的折磨。

他的父亲是个没落的贵族，整日里游手好闲，不务正业，对家里的事情不闻不问。因此家里一直很贫穷，萧伯纳 15 岁时，由于交不起学费而辍学。为了维持生活，他跟随母亲来到伦敦谋生。在这期间，他只能靠母亲一点儿可怜的薪金来维持生活，虽然他非常想找一份正当职业，但是厄运却接踵而来。

最开始，萧伯纳在爱迪生电话公司外务股做职员，但是很快这家公司破产了。接着他又找到一家报刊《大黄蜂报》负责音乐评论栏目，但是没几天这份报纸停办了。为了谋生，萧伯纳把目光落在了写小说上，但是命运并没有青睐这位年轻的作家，他的五部长篇小说接连被出版社拒之门外。他不甘心，于是一家一家上门推荐自己的作品，然而六十多家出版社都对他的作品不感兴趣。连续 9 年，他只得到过 6 英镑的稿费，这其中还有 5 英镑是替人写广告挣来的。但是他并没有放下手中的笔，每天都要坚持写一些稿子。他付出的勤奋终于得到了收获。1925年，他获得了诺贝尔文学奖的 8000 英镑奖金。

萧伯纳以自己的幽默来对待苦难的人生，就连墓志铭都体现了幽默风格——"我早就知道无论自己活多久，这种事情迟早总会发生的。"萧伯纳的一生充满了坎坷，但是他从苦难的荆棘丛中走过，成为人人敬仰的一代文豪。他用自己的坚强，把以悲剧开始的人生转换成了富于传奇色彩的喜剧。

每个人都希望自己幸福和快乐，但在前进的路上总会遇到荆棘与坎坷。苦难就像磨刀石一样磨砺着我们的神经，考验着我们的承受能力。有的人会在苦难过后变得更加乐观和坚强，但有的人却在苦难中失去自信，灰心失望……

面对苦难，我们要学会坚强起来，当我们战胜那些困难的同时，离成功会越来越近。

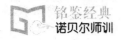

苦难是宝贵的财富

西厄班的童年非常不幸，他的妈妈积劳成疾，卧病在床。不仅不能照顾他，而且连自己都需要西厄班来照顾。当时西厄班的爸爸远在外地工作，不可能丢下工作回家。西厄班看着妈妈被病痛所折磨，心如刀绞，他为了不再给妈妈增加负担，开始试着帮家里做家务活儿。

繁重的家务并没有让西厄班放弃学习。他反而比以前更加勤奋，在做完家务之后，他会认真完成老师留的作业，而且还会多学一些课外知识。为了不让妈妈担心，西厄班在妈妈面前总是装出一副轻松的样子，哄妈妈开心。这位聪慧的少年渐渐开始变得坚强起来，在苦难中铸就了优秀的品质并从中受益，并因此获得了1981年的诺贝尔物理学奖。

经历人生的苦难与挫折，对于培养百折不挠的毅力和独立生存的勇气大有裨益。这些品质在必要的时候，会成为你成功的保证。

苦难对于意志坚强的人来讲，是一笔宝贵的财富。它让我们用内心去体验生活，以积极向上的姿态把苦难转换为前进的动力。歌德曾经说过，"凡不是就着泪水吃过面包的人是不懂得人生之味的人。"苦难让我们加倍体会到了人生的欢乐与美好。

人生最难得的是拥有淡然的心境，很多人渴望如此，但是却被眼前暂时的苦难所吓倒，对前途失去了信心，从而放弃了自己的追求。淡然的心境是由苦难铸就的，如果不曾经历过，就很难体会其中的真谛。

从苦难中汲取力量

曾有人说过："苦难让我身陷地狱，我却由此走向天堂。"从苦难中汲取力量，让自己的思想境界提升到一个新的高度，就会让我们的视野更加开阔，人生的舞台会更加精彩。《向日葵》这幅世界名画让所有的人都为之赞叹，那明艳的色彩几百年来富于强烈的艺术召唤力，这幅画是由凡·高经历无数苦难之后换来的心血之作。

凡·高一生对于艺术如痴如狂，他的遭遇让人同情。悲苦与寂寞长期折磨着他的神经，并让他几近崩溃。就连他赖以存身的小镇，也因没有人能理解他而要求政府把他送入精神病院。这位天才的画家一生饱经辛酸苦痛，唯一一幅售出的画——《红色葡萄园》只卖了 4 英镑，而且还是别人出于人情的考虑才买下的。

正是那些彷徨、苦闷以及对幸福生活的渴望，让他的画作拥有了震撼人心的力量。如今，这些凝聚了作者心血的画被巴黎、伦敦、荷兰博物馆收藏，挂在最醒目的位置上。正是由于苦难的磨炼，让这位艺术家创造出了这些伟大作品。

柴可夫斯基一生颠沛流离，却写了大量的佳作《悲怆交响曲》《天鹅湖》《罗密欧与朱丽叶》等；著名的作曲家贝多芬两次失恋，并写下遗嘱差点儿自杀，但他最终从音乐中寻找到支持自己前行的力量，写下《第二交响乐》《第七交响乐》《第八交响乐》《第九交响乐》而成为音乐大师；斯蒂芬·威廉·霍金被卢伽雷病禁锢在轮椅上将近 30 年，虽然疾病让他全身瘫痪，但是他仍然成了一位伟大的科学家，并写出了轰动世界的《时间简史》……苦难让这些人身处逆境，他们却没有屈服，反而从中汲取力量创造出了惊人的价值。

经过苦难洗礼的人生，会少了浅薄与浮躁，多了对于人生的思考与深沉。经历过苦难的艺术家们用他们的作品震撼了我们的内心，这种力量是自苦难中汲取的。自古就有关于经历苦难的名句——"天将降大任于斯人也，必先苦其心志，劳其筋骨，饿其体肤，空乏其身……"这句话形象地说明了经受苦难的意义。

在有的国家，苦难教育已经成为教育的一部分。如果一个孩子从小就学会如

何去面对苦难，那么当他以后真正地踏入社会时，一定会以宽广的胸怀和豁达的性格来面对人生。

苦难就像是人生的一位老师，让我们学会了许多。如果一个人在没有苦难的环境中长大，那么他就会缺乏对苦难的免疫力。一旦有一天苦难突然来到身边，就会不知所措，穷于应付。

经受了苦难，我们会更加珍惜幸福的生活，体味生活的真谛。在经受苦难的过程中，我们培养了自己坚强的性格，持久的毅力，与困难作斗争的经验和勇气，这些都会让我们在以后的人生道路中受益匪浅，它们是走向成功的基础，也是我们人生中宝贵的财富。

忠 *27* 告

具备永不回头的"鳄鱼精神"

面对困难，要像鳄鱼那样咬定目标不放松，要拥有勇往直前的精神、永不回头的毅力，这是从事一切创新工作必须具备的素质和精神。

——诺贝尔物理学奖获得者欧内斯特·卢瑟福

在科学界经常会发生这样的事情，很多人都曾经动手参与到一项科学研究之中，但是结果却各不相同。有的人会获得累累硕果，有的人则一无所获，有的人会在中途退缩，不同人生观决定了他们不同的人生结果。

勇往直前，永不回头

当我们面对困难的时候，要有勇往直前的精神和永不回头的毅力。这是从事一切创新工作必须具备的素质和精神。鳄鱼的精神很顽强，它们只知道前进，不懂得后退。如果在它们经常爬行的地方埋下一把锋利的尖刀，当它们不幸被尖刀刺中之后，不是后退，而是勇往直前。一条肚子被划开的鳄鱼还会在受伤的情况之下坚持爬行几个小时。

欧内斯特·卢瑟福是20世纪最伟大的实验物理学家之一，他被人们称为近代原子核物理学之父。在放射性和原子结构方面，他都作出了巨大的贡献。

事实上，欧内斯特•卢瑟福的出身很普通，他出身于一个平凡的苏格兰农民家庭，不过他的父亲比较善于动脑筋，这对于幼年的卢瑟福来说，产生了深刻的影响。卢瑟福从小就比同龄的小伙伴们聪明，他对一切充满了好奇心，喜欢亲自动手、动脑解决问题。

当时家里有一个非常古老的钟表，经常会出问题，虽然修理多次，也没有修好，于是家人决定扔掉。但是卢瑟福却认为自己一定能把它修好，无论大人怎么说，他都坚持自己的看法。他把钟表拆开，把里面的零件重新进行组装，最后不仅修好了，而且还走得非常准确。卢瑟福获得了家人的称赞。

这种品格一直伴随了他一生。由于家境贫寒，因此家里很难帮助他完成学业。为了求学，卢瑟福养成了一种认准了目标就百折不回、勇往直前的习惯，他把自己的这种习惯称之为鳄鱼精神。1908 年，他获得了诺贝尔化学奖，并且培养出了 10 位诺贝尔奖的获得者。当他去世的时候，被埋葬于伦敦威斯敏斯特大教堂牛顿墓旁。

卢瑟福面对困难从不服输，哪怕是在旁人看来难以完成的事情，他也尽力去做，勇往直前。纵观他的一生不难看出，正是这种百折不回、勇往直前的精神，才让他在事业上取得了巨大的成就。

生活永远都不会一帆风顺，每一个人都会遇到困难和阻碍。如果我们临阵退缩，很可能就此与成功无缘；如果我们勇往直前，去追求那希望的曙光，那么我们就会更加接近成功。磨难虽然让我们感到痛苦，但也能磨炼我们的意志。

坚定自己的信念

从那些获得诺贝尔奖的人身上可以看出，他们的成就是靠勤奋工作、坚持不懈换来的。立下远大的志向不难做到，但是能够坚定自己的信念就相当不容易了。

加西亚·马尔克斯上小学的时候，就非常喜欢诗歌等文学作品，他一直坚持广泛的阅读。但是在家人的干预之下，他成为一个法学专业的学生。即使如此，他并没有放弃对文学的追求。1947年，他写了属于自己的第一个短篇小说。接着一发不可收拾，他写的小说相继发表在波哥大报纸《观察家报》上。

1948年，马尔克斯移居到卡塔赫纳继续攻读法律，但是他并没有放弃对自己理想的追求，他一直坚持为《宇宙报》写稿，并且在1950年，去纠兰基雅做了一名记者。对于文学的爱好让他没有停下前进的脚步，他经常与一些文学青年聚会，交流和提高自己的写作水平。

1955年7月，他去日内瓦采访。当时，加西亚·马尔克斯还在《观察家报》做通讯记者，但是意外发生了。那家报纸被哥伦比亚政府查封，他被困在了欧洲，但是在这种危急的时刻他也没有放弃自己的信念，来到了巴黎，并且将三年的时间和精力全部用在写作上。在这期间，他写了《恶时辰》和《没有人给他写信的上校》，并且还游历了东欧国家和苏联并写了游记。勤于笔耕让他的文学水平很快得到了提高和发展。

马尔克斯一直没有停下他追求文学的脚步，他不断地思索着怎样根据他童年的记忆构思成一个完整的故事。有一天，他带孩子们去阿卡布尔科时，突然来了灵感，于是他立刻调转车头，回到墨西哥城开始写作，在此后一年半的时间里，他没有一刻放弃自己的信念，一直埋头于笔纸之间，并最终完成了一篇巨著——《百年孤独》。

这本书很快便被翻译成几十种语言在世界各地发行，它还获得了很多文学奖，让世界认识了马尔克斯这位伟大的作家。

1982年，加西亚·马尔克斯获得了诺贝尔文学奖和哥伦比亚语言科学院名誉

院士称号。

对于文学创作的坚定信念让加西亚·马尔克斯获得了巨大的成功，不论自己遇到什么样的困境，只要有理想之火在心中燃烧，那么就一定要坚持下去。

其实，每个人都有成功的机会，但是并非所有的人都能抓住并利用。他们虽然有成功的愿望，但是却没有坚持下去，又怎么可能获得成功？

要有坚定不移的毅力

日本的田中耕一是一位非常踏实的学者，无论做什么事情，他都很有毅力。田中耕一工作很投入，在做实验的时候经常忘记身边所有的事情。为了节省时间，他甚至没空儿去理发而把自己剃成了一个光头。在生活的其他方面也是如此，不修边幅的外表让所有的人都不会想到他是一位伟大的科学家。

由于母亲在田中耕一不足一个月的时候就因病去世了，因此他下定决心从事人类医学方面的研究。当田中耕一进入岛津制作所（一家化学仪器制造公司）后，主动提出开发医学测定仪器，希望自己的研究能够挽救人们的生命。田中耕一的最高学历只是本科，这在研究人员中是非常少见的，更重要的一点是，他没有加入任何学会，而且在国内也没有其他的获奖记录，当他一举取得诺贝尔桂冠的时候，所有的人都非常吃惊。媒体评价这简直是世界奇迹，但是这次获奖却是诺贝尔化学委员会避开教授层层推荐的制度，精心调查才得出的结论，田中耕一在蛋白质解析方面作出了杰出贡献，当之无愧。

几十年如一日默默无闻地埋头于实验室中，没有得到过任何奖项，没有过高的学历，没有任何一家学会邀请他——这些因素却没有动摇田中耕一的毅力，他坚定不移地向着自己的目标前进，一直等到成功的那一天。

居里夫人曾两次获得诺贝尔奖，她曾经讲过："人要有毅力，否则将一事无成。"她将几十年的光阴都沉浸在各种实验中，没有毅力是难以做到的。

立下雄心壮志并不难，但是拥有坚定不移的毅力是相当不容易的。成功永远属于意志坚定的人。英国的作家狄更斯曾经说过："顽强的毅力可以征服世界上任何一座高峰。"这句话说明，毅力是我们实现理想的法宝。

忠 **28** 告

要有永不服输的一股"傻劲"

面对挫折，不能甘于服输，关键是要面对困境坚持奋斗，这样才能有机会获得成功。

——诺贝尔化学奖获得者野依良治

在通往成功的道路上，挫折是在所难免的，如果没有永不服输的"傻劲"，是很难坚持下去并取得成绩的。

对于挫折的认识并非只是在口头上说说那么简单。在人生中，挫折是不可避免的，它是人生的一个重要组成部分。面对挫折，不能甘于服输，关键是要寻找失败的原因，重新上路。

失败也是一种机会

大文豪巴尔扎克曾经说过："世界上的事情永远不是绝对的，结果完全因人而异。苦难对于天才来说是一块垫脚石，对于能干的人来说是一笔财富，对弱者是一个万丈深渊。"面对生活，我们要有良好的心理素质，做好充分的心理准备，并且要有正确的挫折观，不能灰心，更不能后退和放弃。勇于向挫折挑战的人，才是坚强而自信的人，才能取得新的进步。

对于化学史的发展，在 18 世纪和 19 世纪作出巨大贡献的有两位化学家，一位是贝采里乌斯；另一位就是汉弗莱·戴维爵士。这两位科学家发现的化学元素是最多的。

汉弗莱·戴维在进行化学实验的时候，几个月都废寝忘食地进行工作。他所做的实验不仅难度大，而且还很危险，当他在分解钾、钠等碱金属的时候，就发生了意外。当时他正在紧张地进行实验，结果突然发生了爆炸，把他的脸炸伤了，左眼再也看不到东西了。但是他却没放弃，最后终于获得了成功。后来回忆起这段经历的时候，他说："感谢上帝没有把我造成一个灵巧的工匠，我的最重要的发现是由失败给我的启发。"就是因为一次又一次的失败积累了经验，他走上了成功的道路，是他用失败的心血浇开了成功的花朵。

面对挫折，沮丧、失望、伤心往往是人类的第一反应。其实，挫折既然是人生的一部分，我们就应该学会如何去面对它。很多时候，当挫折发生在别人身上的时候，也许我们还能做出一些正确的分析，但是当挫折发生在自己身上的时候，再保持清醒的头脑和正确的反应，就需要付出相当大的努力。

生活中的挫折是客观存在的，不以我们的好恶而有所改变。我们所做的，只能是接受它并改变它。

面对挫折，永不服输

松下幸之助是世界上人所共知的成功商人。很多人羡慕他的财富和权力，但是很少有人知道当初他创业时的艰难。

他开始创业的时候，恰好赶上第一次世界大战，当时物价飞涨，民生维艰。而松下幸之助遇到的不仅仅是资金短缺的问题——他的手上只有很少的一笔钱，

其中的困难可想而知。当时公司生产的是最常用的灯头和插座。产品生产出来之后无人问津，工资发不下去，生产难以继续，很多的工人开始辞职，公司面临着倒闭。可以说当时松下幸之助到了崩溃的边缘。

但是他并没有向命运低头，更没有服输。一股韧劲让他坚持了下去。他相信自己一定会取得成功。在他的努力之下，公司的情况慢慢好转。6 年之后，公司终于走出了困境。但是接下来，经济危机袭来，所有的人面临着失业的危险。当时他的公司也并不幸运，大量的商品开始积压在仓库里卖不出去。但是他却没有作出裁员的决定，而是工资照发。很多的员工被他的精神所打动，大家拼命工作将产品终于卖了出去。

接着第二次世界大战又开始了，日本的战败让松下幸之助的事业重新归零。公司欠下了 10 亿元的巨额债务，当时还被定为财阀。为了抗议，他去美军司令部至少不下 50 次，每一次都是极其辛苦地争取自己的正当权利。最终，公司在他的努力之下变得强大起来了，很快成为有实力的大公司，产品销售到了美国、东南亚、中南美、非洲等地。

松下幸之助的生活经历说明，虽然生活让苦难接二连三地降临到他的头上，但是永不服输的精神却让他面对困难屹立不倒，最终创造了商界的神话。他也被人们称为商界的经营之神，获得了世人的尊敬。

在这个世界上，很少有人能在生活中一帆风顺。很多人的成功背后都花费了无数的心血和努力。要想一朝一夕功成名就，那只是不切实际的幻想。在面对困境时，只有坚持奋斗下去，才有可能取得成功。

不甘失败才能走向成功

2001 年，日本理化学研究院院长野依良治教授获得了诺贝尔化学奖。

野依良治出生在日本的兵库县芦屋市，他在家里排行老大。他从小就很淘气，而且做事情从来就不服输。当时他对自己喜欢的事情，通常都会坚持到底，在化学方面，也始终保持着浓厚的兴趣。

在他上初中的时候，有一次去东丽公司参观新生产出来的产品，看到一条黄色的尼龙丝。它是由水、空气和煤中提炼出来的，这引起了他浓厚的兴趣。他立志今后一定要成为一位化学方面的专家。从此之后，野依良治狂热地投入到对于化学的学习和研究中。

有一次他在做实验的时候发生了意外，所研究的化学药品发生了爆炸，他受了重伤。当他被送入医院之后，脖子上被缝了很多针。但是没过多久，伤还没有痊愈的野依良治又回到了实验室，进入人们的视线。所有的人都很吃惊，大家亲切地给他起了一个外号"不死鸟"。

有时候，他会在实验室里熬上两个通宵，但是却依然精神抖擞，看不出有半点儿疲倦。同学们都很敬佩他。当他真正地开始独立研究工作之后，对外曾公开宣称，自己最不喜欢模仿别人，以后他一定要作出自己的成绩，拿到诺贝尔奖。

在一百多年之前，法国的科学家帕斯茨尔曾说过，人类没有单纯只合成有益物质的能力。这句话让很多的科学家们望而却步，但是野依良治却并不服输，他

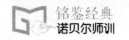
认为自己有能力进行创新，最后他获得了成功。

20世纪80年代，首先在日本开始大规模地应用野依良治的化学成果，主要是用于生产香料和香味薄荷脑。从薄荷的特性而言，左手性的薄荷脑气味好闻，右手性的则没有这种香气。1983年，野依良治和高砂香料工业公司合作，确立了只选择左手性薄荷脑的制造方法。合作进行得很成功，后来高砂公司生产的薄荷脑占到世界总产量的三分之一，该公司也成为世界上最大的薄荷脑生产厂家。野依良治的梦想终于得以实现。

当我们遇到挫折的时候，只有不甘失败才能走向成功。是失败让我们对于生命的意义有了更深的认识。

世间的万事万物，都是在曲折中前进的。古今中外不少科学家都是历经了坎坷才走向了成功。苦难是人生中一笔难得的财富。

无论在学习中还是在生活中，如果能拥有一股永不服输的"傻劲"，那么成功就不再只是梦想！

要树立自己的目标和志向

志向的力量是巨大的，它可以激发一个人内在的潜能为实现目标而积极奋斗，对于人生有着重要的意义。

——诺贝尔化学奖获得者弗里茨·普瑞格

志向是一个人对其理想人生的设想和愿望。它不仅受个人兴趣爱好的影响，而且还与一个人的世界观、人生观和价值观有着紧密的联系。希望自己成为什么样的人直接确立了生活的目标和方向。

每个人都有自己的志向，无论这个志向远大与否，无论它是平凡还是伟大，都为我们指明了人生前进的方向。

树立远大的志向

一个人要想成功，首要的条件就是要树立远大的志向。志向是一个人的精神动力。许多诺贝尔获奖者之所以取得卓越的成就，与他们自幼立下伟大的志向有很大关系。

范德瓦尔斯于 1837 年 11 月 23 日生于荷兰的莱顿。当时家里的经济条件非常不好，由于上学交不起学费，因此他很小便辍学在家。不过范德瓦尔斯是一个志向远大的人，他不甘心就此结束自己的学习生涯，于是一边当学徒工，一边坚持学习。

由于他家就在著名的莱顿大学附近，因此他常常去那里驻足观望。他盼望着自己有朝一日能够进去学习，但是在当时，就读于这所大学的学生都是富贵人家的孩子，像他这样家境贫穷的孩子只能以羡慕的眼光看着人家走入学校。

范德瓦尔斯从小便树立了远大的志向，他没有一天放弃自己的理想。从此之后，他走上了一条自学之路。在工作之余，他总是捧着书本看得津津有味。当时自学的条件相当艰苦，他差点儿就要放弃了，但是为了实现自己的理想，他最后顽强地坚持了下来。

1862～1865年，他的业余时间全部都用来学习，不懈的努力终于有了回报，时隔不久，他获得了莱顿大学的数学和物理学的教师证书。后来，他相继创立了"范德瓦尔斯方程"，推导出了三态临界点计算公式，研究了二元素混合律等，为物理学的发展作出了卓越的贡献，并获得了诺贝尔物理学奖。

如果不是范德瓦尔斯立下了远大的志向，付出了努力，他也绝对不会取得如此大的成就。像这样的例子还有很多，罗曼·罗兰从小就立志当作家，柯赫、格尔斯特朗德从小就立志当医学家，赫兹、雅洛从小就立志当科学家……这些伟大的人物都为我们树立了学习的榜样。

我们要想成功，一定要早早立下志向，树立自己的宏伟目标，然后为之奋斗。与此同时，在树立自己的理想时，一定要抛开所有的私心杂念，以为国家和人民谋幸福为己任，以对人类有益为宗旨。

因为一个人崇高理想的实现，可以给千千万万的人带来幸福，那么这个人也将会是最幸福的人。如果只是为了自己打算，那么他能享受到的成就感也会很有限，所以立志向要"立大志"。

那些获得诺贝尔奖的科学家们，大多是"立大志"——把献身于科学，造福于人类当成自己的崇高志向。正是这一人生目标，让他们肩负重任，把自己的精力全部投入到事业中去。

为理想而奋斗

"古之立大事者，不惟有超世之才，亦必有坚忍不拔之志。"在实现理想的过程中，还要有毅力坚持下去，这是一个长期而艰苦的过程。如果碰到困难就放弃，那么这样的志向毫无意义。

要想完成自己的志向，就要付出努力，不要在意别人的看法，哪怕别人认为绝对不可能的事情，也要努力去试一试。

厄兰格曾于 1944 年获得了诺贝尔生理学或医学奖。在他小的时候，曾经因为成绩特别差被学校安排留级。当时厄兰格说："请老师给我一次机会，我一定能学好。"后来，在老师的帮助之下，他的成绩提高得很快，不仅没有留级，反而成为班上学习成绩最好的学生。

还有一个例子讲述的是肯德尔的故事。他在小时候经常生病，学习成绩也是一塌糊涂，很多人都认为他是一个"低能儿"。不过他却从小立志要争一口气，用自己的行动去改变别人的看法。在加强身体锻炼的同时，他还努力学习，最终考上了一所名牌大学。1950 年，肯德尔获得了诺贝尔生理学或医学奖。

在追求理想的过程中，如果发现自己的目标不正确，就要随时做出适当的调整。比如，1923 年获得诺贝尔奖的普瑞格就是如此。他在少年时代特别喜欢体育运动，当时他一心想在体育方面有所成就，于是开始进行大量的体育训练，还

曾经因此耽误了学习。但是当他在参加体育运动会连连碰壁之后，便开始深入地反思自己，最后，他决定开始学习化学。当时所有认识他的人都嘲笑他，认为这是绝对不可能的事情。但是普瑞格对此毫不在意。几年之后，他终于创造了奇迹，成为一名获诺贝尔奖的科学家。

上述故事中，厄兰格、肯德尔和普瑞格的志气让我们敬佩。当远大的志向树立之后，一定要顽强拼搏，付出比别人多出几倍的努力。只有勤奋，才会改变眼前的现状。要想超越别人，一定要先超越自己。志气会让一个人变得坚强，还会挖掘出一个人的潜能，为取得成功奠定基础。

我们所树立的志向是对未来的一种设想。当然，这个设想一定是经过努力来实现的。如果不去为理想奋斗，所谓的"宏伟志向"只能成为毫无价值的空想。所以，我们在树立了自己的志向之后，一定要为实现自己的理想脚踏实地地去努力。

实现人生的价值

我们的人生存在的价值是什么？是做自己力所能及的工作，还是为了当伟人、强人？对此，人们往往不会进行深入细致的思考，对实现人生价值也没有什么具体概念。事实上，可以先科学地或者较为科学地把自己各种类型的愿望分别列出来，然后挑出自己喜爱并适合自己的活动进行专门的培养。这时，人生便会变得充实，这样就能最大限度地获得幸福。在带给社会贡献的同时，也实现了自身的价值。

人的需要分为很多种，据马斯洛的研究，高级需要主要来自于友爱的需要、尊重的需要和自我实现的需要。高级的需要满足所带来的快乐是心灵最大的快乐。

需要越高级，私心的成分就越少，对于发展人的各种品质也就越有益处。高级的需要能让人感到更深层次的幸福。

志向也是人的一种精神上的高级需要，有志向的人，会在追求目标的过程中享受到难以言喻的快乐；而那些没有远大志向的人，往往会稀里糊涂地过完自己的一生，也不可能享受到真正的幸福。

在追求志向的过程中，一个人会把自己的能力、精力、知识、时间等各方面集中在一起，当把这一切全部投入为志向而奋斗中去时，既能为社会作出贡献，也能实现自己的人生价值。

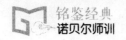

忠 *30* 告

向自己最想成为的大人物学习

树立榜样不仅是影响他人的主要方式，而且是唯一方式。

——诺贝尔物理学奖获得者阿尔伯特·爱因斯坦

大人物之所以伟大，自然有其自身的优点。我们要学习他们身上的闪光点，榜样的力量是无穷的。爱因斯坦曾经说过："教育的唯一理性方式就是做出榜样""树立榜样不仅是影响他人的主要方式，而且是唯一方式。"向大人物学习能点燃一个人心灵上的火花，让学生们充满无限的信心和力量。大人物激励的效果是枯燥的说教和居高临下的训导无法取代的。

大人物确有与众不同之处

大人物通常是指在政治、军事、科技、艺术、文化、教育等方面作出了杰出成就的人。他们的生活和处事方式确有与众不同之处。

真正的大人物品格高尚，拥有杰出的能力，在自己的领域作出了巨大的贡献。他们的伟大品格和才能不是凭空产生的，值得我们认真学习。

大人物身上的优点很多，他们从来不小看日常生活中的小事，威灵顿元帅在军队生活中，对于士兵伙食的安排这种小事都事必躬亲。大人物从来不张狂，他们的眼界很开阔。由于他们经历的事情多，因此阅历很丰富，能够看懂别人所不能理解的形势。与常人相比，他们显得成熟内敛。从来不爱乱出风头，对于那些突然发生的事情总是严阵以待。在面对各种事情的时候，总是表现得很沉稳，给别人以信服的感觉。

大人物从来不会刻意去追求伟大。他们只是在处理事情的过程中用自身的能力表现出各种素养。对于大局，他们能够审时度势，并进行深入的思考。大人物通常表现得很大度，具有一种让人崇拜的风度。他会用自己的大智大善来说服人们跟随，这种大胸怀一般人是很难做到的。

大人物的思想和生活丰富着自己，也丰富着他人。他们的行为都是普通人学习的榜样，他们会很好地团结周围的人，又善于向别人学习，与周围的人联系得很紧密。

通常情况之下，我们都会有自己喜欢的大人物，或者是科学家，或者是艺术家，等等。每一个人都希望成为自己所喜欢的大人物的那样的人。当我们向这些人物学习的时候，就给自己确立了一个远大的目标，当我们为这个目标奋斗的时候，会在无形中提高自己的素质和水平。

向大人物学习

俄国的作家蒲宁年轻的时候曾经尝试过许多工作，校对员、统计员和图书管理员等，还曾供职于一家报社。由于经常和文字打交道，他对文学产生了浓厚的兴趣。

在当时，高尔基、托尔斯泰和契诃夫都是著名的大作家。这些人在他的眼中都是无比优秀的大人物。他很崇拜这些人，于是精心研读他们的作品，每天都抽业余时间练笔，并试着开始向一些出版社投稿。很快，他写的一首诗作发表了。到了1892年，他出版了自己的第一部诗集。但是他并不满足，继续在文学之路上拼搏。他一直特别仰慕高尔基，终于在1899年结识了高尔基。当时他受高尔基的影响，形成了民主主义观点，并很快创作出了优秀的短篇小说《安东诺夫卡的苹果》《松树》《新路》《黑土》等。随着他与高尔基接触的加深和自己写作能力的提高，他很快把眼光投向了广阔的社会，主人公也转向了农民和国家的命运。就这样，在高尔基的影响之下，他逐渐成为俄国文坛上一流的作家。

时隔不久，蒲宁的唯一一部长篇小说《阿尔谢尼耶夫的青春年华》出版后在社会上获得了轰动。由于他的作品"继承俄国散文文学古典的传统，表现出精巧的艺术方法"，在1933年获得了诺贝尔文学奖。

从这个故事中我们不难看出，正是由于文学大师高尔基的指引，蒲宁的视野才变得更加广阔，写作内容也变得更加广泛。他能取得如此高的成就，与向大人物学习所付出的努力是分不开的。

丁肇中小的时候，他的父亲常常给他讲一些伟大人物的故事，比如牛顿、法拉第、爱迪生、张衡等，这些人物的故事让他对物理和中国历史产生了浓厚的兴趣。

相比较而言，丁肇中最崇拜的还是汉朝的大科学家张衡。因为丁肇中曾经去莫斯科参观过莫斯科大学，在当时，名人殿堂里有许多世界上著名的科学家的画像。在这许许多多的画像中，中国却只有两个人物被陈列在里面——李时珍和张衡。这让丁肇中非常难过，同时也给他留下了很深的印象。中国的历史悠久，文化灿烂，几千年来出过不少风流人物，为何科学家却出得这么少，于是他决定自己长大之后，一定要为祖国科学的发展作出贡献。

丁肇中在留学的时候，被人们称为最努力的中国学生，他的勤奋让所有的外国人都赞叹不已。经过一番奋斗，丁肇中获得了 1976 年诺贝尔物理学奖。

大人物的身上总是有许许多多的优点，他们的成就让我们敬仰，同时也激励我们向他们学习。那些有成就的人，在小时候大多受到了大人物事迹的激励，从而树立了远大的志向和坚定的决心，在这个过程中，是大人物的性格言行对他们的性格塑造和人生观产生了潜移默化的影响。向大人物学习，还可以让我们少走弯路，更接近成功。

榜样的力量是无穷的

在诺贝尔的获奖史上，有这样一个独一无二的现象，它至今还被人们津津乐道。那就是曾经有一家人，四个人中先后有五人次获得了诺贝尔奖。这就是举世闻名的居里夫人一家。

1903 年，首先是居里夫妇发现了新元素"镭"而获得了诺贝尔物理学奖。接着就是 1911 年，也就是 8 年之后，居里夫人第二次获得了诺贝尔奖。当时，居里夫人 14 岁的女儿伊伦·居里陪妈妈参加了颁奖仪式。看到妈妈庄严地走上领奖台，然后在无数人羡慕的眼光中接过了获奖证书，伊伦开始对妈妈充满了崇敬之情。在她幼小的心灵里，妈妈就是这个世界最伟大的人物，妈妈的性格和作风对她产生了巨大的影响。在以后的生活中，妈妈的言传身教对她的成长起到了重要的作用。

　　托尔斯泰有句名言："全部教育或者说千分之九百九十九的教育都归结到榜样上，归结到父母自己生活的端正和完善上。"正是妈妈给伊伦树立了好的榜样，才激励她决心今后为科学献身；为人类的幸福尽自己的一份力量。1935年，伊伦·居里和她的丈夫在科学研究上也取得了重要成就，双双荣获诺贝尔奖。

　　牛津大学是一所世界名校，这里的学生都很优秀。在这些人当中，曾经出了4位英国国王，46位诺贝尔奖获得者，30位英国首相，还有其他国家的领导人……这所大学之所以名人辈出，是因为一代又一代学子从自己的前辈身上汲取了力量。榜样的力量是无穷的，把自己的校友当做偶像来崇拜，更能激励他们的信心。因此这所大学几百年来一直盛名不衰。

　　大人物产生的影响广泛而深远，他们就像太阳一样将自己的光和热辐射给世人，让人们从他们的身上见证了奇迹，汲取了前进的力量。

　　纵观世界上的一些伟大的人物，无一不具备各种美德，他们都爱自己的国家，热爱周围的人；他们真诚善良，而且积极向上……这些无疑是成功的基础。如果我们以这些伟人为榜样，向他们学习，无疑会让我们受益终生。

忠  告

心若在，梦就在

如果能随理想而生活，本着正直自由的精神、勇敢直前的毅力、诚实不自欺的思想而行，一定能臻于至美至善的境地。

——诺贝尔物理学奖和化学奖获得者玛丽·斯可罗多夫斯卡·居里

人的一生可以没有宗教信仰，也可以没有远大理想，但是唯独不能没有信念。信念可以让我们在遇到困难时得到有力的支撑，它可以让我们在面对挫折时更加从容。

人生的道路是曲折的，许多的成败与得失，并不是我们能够把握的。但是只要我们有信念的支持，就可以坦然去面对一切。

信念是行动的基础

1924年10月1日，詹姆斯·厄尔·卡特生于佐治亚州普兰斯一个花生农场主的家庭。他从小就刻苦读书，先后曾在佐治亚州西南大学和理工学院读书。后来，他又以优异的成绩考入马里兰州美国海军军官学校（即安纳波利斯海军学院）学习，在获理学学士学位后加入海军服役7年。当他退役后回到家乡继续经营农场，但是在这期间，他开始参加一些政治活动，他很快成为一名年轻的州长。由于办

事有效率，并且对消除种族歧视作出了巨大的贡献而获得了许多人的拥护。1977年，他出任美国第 39 任总统。

此后，他一直为世界的和平做出努力。这个信念时刻在鞭策着他做出各种有益于和平的行动。就是在他当政的时期，巴拿马运河的管理权重新回到了巴拿马的手中，中美两国正式建立了外交关系。推动中东实现了和谈。

最让世人惊叹的是卡特在营救在伊朗的美国人质时所做出的努力。在当时，卡特曾下令特种部队发起"蓝光行动"拯救在伊朗的美国人，但是不幸遭到惨败，选民们对他的行为很失望。虽然在 1980 年争取连任的时候败给了里根，但是他却一直没有放弃拯救人质的努力。在卡特离开白宫的那一天，伊朗终于释放了所有的人质。如果没有向往国际和平的信念做支撑，相信卡特很难坚持到最后。

但是，卡特在退休之后并没有停下自己追求和平的脚步。他频繁地去世界各地访问，为民主和人权事业做出自己的努力。因此，他获得了 2002 年的诺贝尔和平奖。"为表彰他几十年来一直坚持不懈为国际冲突寻找和平解决方案、致力于增进民主、改善人权以及促进经济和社会发展的努力"。——这是和平奖评选委员会，也是世界人民对他功德的认可与赞赏。

我们在实现目标的过程中，信念是我们行动的基础。如果没有信念的支撑，我们将会很难坚持下去。信念一定程度上起到了激发斗志的作用，让人的潜能不断地发挥出来。

有信念的日子就是光明

玛丽·居里出生于波兰，她曾一生两度获诺贝尔奖（第一次获得诺贝尔物理学奖，第二次获得诺贝尔化学奖），被人称为"镭的母亲"。

也许很多人并不知道，玛丽高中毕业后，曾患了一年的精神疾病。在当时的社会，任何俄罗斯或波兰的大学都不接收女性学生。但是玛丽坚守自己的信念，她怀有一颗求知的心，一心想学习各种科学知识，为此，她和姐姐商定去法国学习。

为了积攒学费，她开始做家庭教师。没想到，为了让姐姐先去上学，她居然一直坚持做了 8 年的家庭教师。整整 8 年，只是让她的信念越来越坚定，并没有让她的梦想被现实的琐碎所磨灭。最后，她终于进入巴黎大学学习，并且取得了物理及数学两个硕士学位。而且，她很光荣地成为那所学校第一名女性讲师。

玛丽并没有满足，她和自己的丈夫居里一起展开了对放射性物质的研究。当时他们根据种种迹象，判定沥青铀矿石里必定有某种未知的成分，其放射性要远远大于铀的放射性。为了证明自己的观点，夫妻两人长年奋斗在实验室中，不断提炼沥青铀矿石中的放射成分。居里夫妇经过不懈的努力，终于成功地分离出了氯化镭并发现了两种新的化学元素：钋 (Po) 和镭 (Ra)。信念的坚守让他们在放射性上取得了杰出的研究成果，居里夫妇和亨利·贝克勒尔共同获得了 1903 年的诺贝尔物理学奖。

在人类历史上，居里夫人是第一个获得诺贝尔奖的女性。在 8 年之后的 1911 年，她又因为成功分离了镭元素而获得诺贝尔化学奖。由此，她成为世界上仅有的在两个不同的领域里获奖的人。

对于居里夫人而言，有信念的日子就是光明。她的视力受到损害也没能阻止她追求信念的脚步。就算是她高烧不退，患了恶性贫血躺在床上的时候，她都没有一刻放弃自己的研究。那段时间，她让女儿向她报告实验室里的工作情况。为了留给后人一部严谨的学术著作，她在重病期间依然念念不忘叮嘱女儿别忘记为她写的《放射性》这本书进行校对。

在生活中，我们不可避免地会遇到很多困难，是信念让我们坚强起来，看到

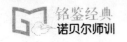
事物的发展方向。通过不懈努力，最终取得成功。

坚定自己的信念才会成功

我们要懂得这样一个道理，那就是有什么样的信念才会有什么样的奋斗结果，而信念是在经历了无数的失败与挫折之后锻炼出来的。

勇敢地去做自己想做的事情，搞清楚自己灵魂深处最渴望得到的是什么，让自己的人格独立，让自己的心灵变得纯净，坚定自己的人生信念，在信念的支持之下不懈地追求自己的人生价值，必将会有助于我们走向成功。

生活就像万花筒那样是五彩的，甜酸苦辣哪一种滋味我们都需要品尝。有时，生活会让我们遇到一些难以解决的问题，这种情况下，烦恼等负面情绪对解决问题没有任何帮助，只有怀有坚定的信念，才能鼓起克服困难的勇气，促进问题的解决。

很多伟大的人物在成功之前，都经历了许多苦难。从苦难中走出来的人，就算是正在受苦，也不会觉得苦。因为他们曾经体验过苦难，经受了挫折的洗礼。他们的坚强不屈是走向成功的动力。成功是一种结果，通往成功的过程苦乐参半，只要有信念的支持，就能取得成功。

敢于承认自己的错误和无知

敢于承认错误和无知是很难做到的，尤其是在大庭广众之下，但是请记住，错误和无知绝对是不能隐瞒的。一次虚荣的后果，可能让你在很长时间里背负不诚实的名声，而且相应地受到很多人的怀疑和指责。

——诺贝尔物理学奖获得者詹姆斯·弗兰克

著名的科学伟人爱因斯坦曾经说过："一个人在科学探索的道路上，走过弯路，犯过错误，并不是坏事，更不是什么耻辱，要在实践中勇于承认和改正错误。"

在这个世界上，每个人都会犯错误，关键是如何承认错误。这是一件很难做到的事情，尤其是在公众场合。但是无论如何，我们绝不能隐瞒自己的错误，因为事实总是会随着时间的流逝而被澄清的，当大家发现你所犯的错误时，一定会对你的人品产生怀疑，这既是你的损失，也是非常不光彩的事情。与此同时，你的能力和学识也会受到相应的质疑。每个人都要勇敢地面对自己的错误，尽自己最大的努力去弥补已经造成的损失。

错误和无知是不能隐瞒的

詹姆斯先生曾经获得了诺贝尔物理学奖。有一次，他为某所大学做学术报告。在会上，有个学生恭敬地向他请教问题："您觉得人类在太空中能找到暗物质和

反物质吗？"

"不知道。"詹姆斯神色平静地回答道。

"您觉得您从事的科学实验有什么经济价值吗？"这个学生再次发问。

詹姆斯的神色丝毫没有改变："不知道。"

学生不甘心，再度恳求道："请您谈谈物理学未来20年的发展方向好吗？"结果詹姆斯依旧回答说自己不知道。

这三次"不知道"的回答，让所有在场的学生们都感到很吃惊，在片刻的安静之后，掌声响了起来，经久不息。

可能有的人觉得对学生的提问可以采用其他的方式来敷衍过去，因为詹姆斯是专家，因此也可以说一些专业性很强的术语来应付。但是这位诺贝尔奖的获得者却以极为坦诚的态度进行回答，而且神情自若，没有丝毫的惭愧之态。既没有觉得自己无知，更没有觉得自己的威严受到影响，面子受到损害。詹姆斯的行动反而给他自己的形象加了分，让所有的人都觉得他工作严谨求实，品德高尚。因此无知并不可怕，可怕的是极力去隐瞒这些无知。

无知和愚昧的性质是不相同的，无知是因为缺少对知识的了解，而后者则是因为缺乏头脑。科学知识浩如烟海，我们的所学所知永远是沧海一粟，因此只有不断用知识充实自己的头脑，才能摆脱无知的束缚。

绝对不能用无知来欺骗周围的人，这样做最后会害了你自己。比如，当老师在讲一道题的时候，你没有弄明白，但是为了满足自己的虚荣心，也许会对老师说自己会了。那么老师就不再讲这道题，他会转而传授别的知识。当你在考试中遇到这道题的时候，就会束手无策，影响到自己的成绩，而这一切其实是完全可以避免的。如果你承认了自己不会，那么老师也决不会嘲笑你的无知，他会重复讲授原来的内容，这样你才能真正掌握所学的知识。

敢于承认自己的错误和无知

无论是谁，对于别人指责自己无知可能会多多少少感到一些难为情。然而事实上，我们要认真分析一下，看清楚到底是为什么被别人指责为无知。有时，别人指出这一点是善意的，会有助于我们改正缺点，取得进步。

公元前 367 年，亚里士多德从古希腊来到雅典的阿卡德米学园学习。这所学园是由柏拉图所创立的。亚里士多德虽然来自一个偏远地区，而且家庭也并不显赫，但是他天资聪颖，学习非常用功。

柏拉图非常喜欢这个学生，他觉得在所有的学生里面，亚里士多德是出类拔萃的。两个人经常在一起互相讨论问题。

有一天，柏拉图给学生们上课的时候传授的是关于理念世界的一些观点。当时他问自己最得意的弟子亚里士多德，向他征求对于这些观点的意见。当时亚里士多德经过思考后对老师的观点表示了怀疑。他举了个例子进行说明，他说在大自然中，树是由种子长成的，然后到了一定的时期长出来了果实。可以说是先有了树，然后开始存在树的理念的，而不是先有了理念才有树的。

柏拉图当时听了，一时没有说话。接着，亚里士多德继续开始表达自己的看法，他认为这个世界上是先存在了这些物质，然后才开始有了理念的世界。比如，人们对于椭圆的概念，是由于见到了鸡蛋的样子和圆形的植物叶子；而对于六边形，是来源于蜂巢的形状……亚里士多德滔滔不绝地讲了很多，周围的学生们脸色越来越难看，他们认为亚里士多德太狂妄了。亚里士多德微笑着对大家表达自己的看法："我对柏拉图老师是非常敬爱的，我只不过是做到了尊重真理。"

柏拉图承认了自己的看法存在问题，他同时对这位学生的出色表现给予了肯定。后来，亚里士多德成为柏拉图最出色的学生。

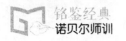

在这个世界上，知识渊博的人很多，但没有人能够达到无所不知，就算是天才也不可能。如果你觉得自己无所不知，就会满足于现状，不再去接受新知识和新事物，逐渐变得无知起来。承认自己有所不知其实并不是一件丢脸的事情，恰恰相反，它体现了一种虚怀若谷的心态和宽广的胸怀。

因此，当我们在生活或学习中听到别人对自己提出看法或意见的时候，千万不要认为这是对自己无知或错误的指责。大家这样做只不过是为了表明对你的真诚和鼓励，况且任何否定都有其存在的理由，值得我们听取和深思。承认我们的无知或错误并认真进行改进，这样我们才会有所进步和发展。

认真接受别人的批评和建议

从十几岁开始，欧仁·鲍狄埃就对诗歌产生了浓厚的兴趣，并开始抄写贝朗瑞的诗。因为他觉得在那些反映民主自由的诗歌之中，贝朗瑞是最让自己感到佩服和敬重的。由于如此喜爱，他开始尝试着以贝朗瑞的风格创作诗歌。经过不断努力，鲍狄埃写作出版了第一本诗集《少年诗神》。这本书的写作风格与贝朗瑞十分相似，人们亲切地把他称为"小贝朗瑞"。

当人们称赞鲍狄埃的诗歌和贝朗瑞写得一样好的时候，他总是自觉地声明自己的水平远远不及这位大师。

鲍狄埃终于有幸见到了心中的偶像，他却发现此时的贝朗瑞已经发生了很多的变化，他变得消极厌世，并且几乎不再写什么诗歌了。

鲍狄埃经过慎重考虑，写下了《请再拨动你的琴弦》一诗寄给贝朗瑞。这首诗对于贝朗瑞当前的消极态度提出了委婉的批评，并给予了热情的鼓励。对方不仅没有生气，反而被他的热情和诚实所感动。贝朗瑞立刻回信表示了感激之情，并且还表示自己将继续站在真理的这一边开始战斗。

贝朗瑞勇于承认自己的错误，虚心接受并改进，重新走上了为正义而奋斗的道路。

俗话说："当局者迷，旁观者清。"很多时候，由于自身条件的限制，我们无法认识到自身的缺点或错误，当别人给我们提出意见或建议的时候，我们要认真进行思考。如果别人的意见或建议对于我们自身的发展和进步有利，那么我们就要重新审视自己，认真接受别人的意见或建议，积极改正缺点或错误。

那些向我们提出意见和建议的人，大多是由于发自内心的对我们的尊重和爱护才这样做的。我们所做的，就是把自己的观点和解释与周围的人沟通一下，这样会更有利于自己的发展和进步。

忠 ㉝ 告

与心中的弱点作斗争

能获得诺贝尔奖的毕竟是极少数，但摘取桂冠的人必定是勤奋和热情的。

——诺贝尔化学奖获得者罗伯特·胡伯尔

"金无足赤，人无完人"，每一个人都有自己的缺点和不足，就是伟人也不例外。有些人成功地克服了这些弱点，摘取了成功的桂冠；而有的人却在弱点的阴影中变得越来越自卑，最后一事无成。

也许很多别人看起来很简单的工作，我们做了很长时间也没有完成，这并不能说明我们比别人差。虽然我们自身存在着差距，却不必因此自怨自艾。给自己更多的时间，以最大的耐心去克服自己的弱点，即便被别人嘲笑笨拙也不要泄气。最后，你会惊喜地发现，原来成功可以这么简单！

正确认识自己的弱点

美国的"成人教育之父"——戴尔·卡耐基，他曾让这个世界上千千万万的人受益。他生长在一个国家经济陷入危机的年代，当时战争与贫困让人们普遍抱有悲观的情绪。卡耐基将传统的演讲与推销进行完美的结合，把处世与智能融为一体，再加上社会学和心理学的指导，开创了一套特别的教育方法。他收集了许多普通人如何获得成功的事例，由于这些例子来源于现实生活，因此更具有说服力。就是他的演讲，让无数人看到了生活的希望，重新振奋起精神，向成功迈进。

这位伟大的人物在几十年前却只是南达柯脱西部的一个小牧童。卡耐基小时候，命运之神并没有眷顾他。卡耐基进入州立师范学校进行学习的时候，家庭条件不好，他只能穿破旧且不合身的衣服，这些都让卡耐基在同学面前自卑得抬不起头来。不过，他并没有放弃努力，为了让别人重新认识自己，他开始寻找成功的捷径。在当时的学校里，足球、棒球、辩论、演讲的优胜者是学生们眼中的楷模，可以赢得人们尊敬的目光。

卡耐基认真地对自身的情况进行了分析，在运动方面，他并没有特别突出的能力，这是他的弱点，因此他放弃了成为一名优秀运动员的打算。不过，他认为自己可以在演讲方面有所突破。于是，他开始用全部精力来准备参加演讲比赛。他在干农活儿的时候演讲，站在谷仓的稻草上演讲，坐在马鞍上去学校的时候，他也在演讲……

卡耐基终于成功了，演讲比赛的胜利接踵而来，他赢得了同学们崇拜的目光。卡耐基认为自己的优点是自信、勇敢和镇静，这是一个演说家成功的基础，于是走向社会之后，他开始开办研究会讲习班，并将自己的演讲术推广到了全世界。

卡耐基认清自己的弱点，扬长避短，让全球掀起了成人教育的风暴，而他自己也获得了巨大的成功！

运动员们经常通过录像观看自己的训练过程，由教练或者专家指出动作的缺陷和不足，再进行有针对性的改进；钢琴演奏者会让自己的老师观察和纠正指法的错误，以求下次能够在键盘上弹出准确流畅的音乐……几乎所有的学习都在不断地发现错误和纠正错误之间进行，随着时间的流逝，学习者的能力会得到逐步

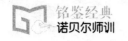
提高。

学习也是如此。我们要正确认识自己的弱点，积极去改进。认清自己，才会有针对性地去改进不足，这样才会有所提高。不要在困难面前丧失自信，多做尝试，一定会踏进成功的大门。

努力去克服自己的弱点

古人荀子曾教导我们："故木受绳则直，金就砺则利；君子博学而日参省乎己，则知明而行无过矣。"认清自己的弱点，并努力去克服它，则是成功的关键。细察天地万物，千人千面，百人百性，各有各的弱点，而且这些弱点有时候还会相互转换。有句话就很明白地说明了这一点："鱼因网的完美而禁锢其中，水因网的缺陷而来去自如。"

了解自己的弱点，并努力去克服，这样才会提升自己的品质和能力。"弱点并不可怕，可怕的是不能认识它、改掉它。事实上，没有哪一种弱点是不可克服的，只要肯努力，任何一种顽疾都可以治愈。"——这句话是法国文艺复兴后期、16世纪人文主义思想家蒙田讲过的名言。如果这些弱点不改正，那么就会成为我们成功路上的绊脚石。

如果我们对自己目前的人生不满意，想改变自己的命运，那就必须从克服弱点着手。大家都知道如果一个木桶有缺口，那么无论把最长的部分怎么加高，也不可能让它来装更多的水。只有把最短的部分变高，才有可能让水桶的容积增加，这就是有名的"木桶效应"。同样，一个人要想取得杰出的成绩，只有"补其所短"，将弱点加以改正，才会让整体素质有所提高。我们要从思想上积极展开正确的思维，这样才有可能会有意想不到的收获。

我们在学习中，经常会遇到这样或那样的问题，比如，上课老师讲的不是自己喜欢的东西，又比如，眼前一大堆作业却不想去完成……当所有这些事情出现的时候，必须去克制自己。首先，尽量让自己的情绪平静下来，接下来要做的，就是在心灵的宁静中寻求行为正确的方向，一次又一次依照这种方法做下来，你就会发现自己已经在不知不觉地开始变得成熟起来。

成年人之所以相对成熟是因为他们的经验丰富，另外，他们做事情也比较理智，这并不是时间的积累自然形成的结果，而是他们自身不断地克服弱点，积累经验，不断地取得进步的结果。

我们完全可以用一种积极上进的眼光来看待这个问题。当面对自己的弱点时，不要躲避和表现出不耐烦，如果它们是可以纠正的，并且纠正之后会变得更好时，我们又为什么不去实施呢？

用勤奋去弥补缺点和不足

如果自己和别人相比有很大的差距，怎么办？答案很简单——勤奋！发明大王爱迪生，小的时候学习成绩很差。而且他还经常拿一些稀奇古怪的问题来请教老师。老师认为他的头脑有问题，还当着爱迪生妈妈的面说他智力有缺陷。最后，爱迪生被迫退学。

由于家庭条件不好，爱迪生不得不外出打工挣钱。在工作的间隙，他也没有忘记学习，在妈妈的帮助下，他阅读了无数的书籍，而且还自己建立了微型试验室，开展化学实验，这些都为他以后走上成功的道路奠定了基础。

爱迪生一生勤奋学习，他的事迹世人皆知，在长达几十年的岁月里，他每天都会有十几个小时泡在实验室，即便到了 75 岁的高龄，他也会风雨无阻，像时钟一样精确地打卡上班。晚上回到家，他还要跑到书房里再看 3 ~ 5 个小时的书。爱迪生有一句名言相信每一个人都很熟悉："发明是百分之一的聪明加百分之九十九的勤奋。"是勤奋，让这位世界级大发明家彪炳史册。

同样，罗伯特•蒙代尔在记者提出"中国人如何才能问鼎诺贝尔奖"的追问中，说出了同样的答案："没有秘诀，唯有勤奋加热情。"

蒙代尔被人们称为"欧元之父"，他曾获得1999年的诺贝尔经济学奖，他认为："我能获得诺贝尔奖并非偶然，最优货币区的理论耗费了我毕生心血。"

从这些伟人的故事中，我们可以看出，他们并不是天生就如此完美，他们的智商比我们高不了多少，他们也有自己的弱点，但是他们却具有很好的心理状态和优良的性格，善于努力去克服这些弱点，最终获得了成功。

百人百性，人与人之间存在着性格上的差异。每个人都有自己的弱点，都有比不上别人的地方。我们要想获得成功，就要与这些弱点作斗争。向那些伟人们学习，以他们为学习的榜样，努力去弥补自己的不足，让那些弱点得到改善或者完全消除，逐渐地让自己去接近完美。

弱点人人都有，是勤奋让人与人之间拉开了距离，产生了平凡和伟大的区别。努力去克服这些弱点，最终你也会变成一个伟大的人！

忠  告

人无完人，浪子回头永远不晚

　　一个人最可贵的行为就是知错能改，面对自己的错误，要有勇气不断做出改变。只要知错能改，一定会让自己的未来变得更加美好。

　　　　　　　　　　——诺贝尔文学奖获得者温斯顿·伦纳德·斯宾塞·丘吉尔

　　"金无足赤，人无完人"，每一个人都不是完美的，谁也不可能避免犯错误。俗话说"浪子回头金不换"，犯错误并不可怕，最可贵的是犯了错误之后知错能改，总结经验教训，及时改正自己的错误。真诚的忏悔之后，最重要的是痛定思痛，从跌倒的地方爬起来，重新上路。

人无完人，难免会犯错

　　在人的一生中，谁也不可能永远不犯错误。由于人的主观性和对外界认识的局限性，就连伟人也会有犯错的时候。而有些"坏学生"更是让老师和家长感到头疼。他们不爱学习，不懂事，无法理解和体谅亲人和朋友，做出一些出格的事情。

　　我们可以认真想一下，"坏学生"不是从一生下来就变坏的，这个世界上没有人真正地想做一个穷凶极恶的人。有的学生主要是感觉做"坏事"的感觉很好玩。这些学生和老师、家长作对，而且越来越感到"其乐无穷"。在很多的时候，

他们甚至为了引起老师和家长的注意而故意"使坏"。

人无完人，谁都有缺点和错误，只是如果缺点和错误太多的话，就会由"量变"到"质变"，变成了一个"坏学生"，但没有谁会喜欢永远做一个"坏学生"。

成为"坏学生"的原因包括很多方面。有时候，老师和家长的一些错误的教育方式，让我们受到了负面的影响，变成了人们不喜欢的"坏学生"；也有的是因为我们受到了不公平的待遇，心里不能接受，从而产生了逆反心理，故意想"报复"那些管教我们的人，结果却变成了"坏学生"……

"人之初，性本善"，人的本质都是好的，天性是善良的。如果我们不幸沦为了一个"坏学生"，也不要泄气。不是说"浪子回头金不换"吗？只要自己有信心，就能找到改过自新的机会，逐渐扭转别人的看法，一定会重新从一个"坏学生"变成好学生。

知错能改，"坏学生"也有春天

1871 年 5 月 6 日，维克多·格林尼亚出生于法国的瑟堡。他曾经因发现格氏试剂而获得 1912 年诺贝尔化学奖。当世界上的人们为这位科学家的成就而喝彩的时候，谁又可能想到他在少年的时候是一个喜欢吃喝玩乐的纨绔子弟呢？

维克多·格林尼亚家境很富裕，由于他是家中的男孩子，所有的人都很宠爱他。因此格林尼亚从小就被娇生惯养，养成了一身的坏毛病。

上学后，格林尼亚从来没有把心思放在学习上，依旧整天游手好闲。父母虽然苦口婆心地劝过他多次，但是也没有什么效果。

1892 年的秋天，二十出头的格林尼亚参加了一个上流社会举办的舞会。在当时，一位气质出众的女子让他很动心，他上前请她一起跳舞。

关于格林尼亚的为人，这位女子早就听说过一些，她非常讨厌与这样的人打交道，于是她断然拒绝了他。格林尼亚从来没有碰到过这种钉子，他一时吃惊地站在那儿，场面尴尬极了。

这时有人上前打圆场，向格林尼亚介绍说这位女子就是波多丽伯爵。格林尼亚一听，心里紧张极了。他上前向伯爵表示了歉意，但是她却冷冷地看了他一眼，眼神中全是鄙视。波多丽伯爵伸出手指说道："请你这个不学无术的人走开，离我远一点儿。我讨厌你这种花花公子站在我面前！"

格林尼亚在众目睽睽之下羞愧难当，他之前所有的骄傲消失得无影无踪，于是落荒而逃。

在众人面前丢脸的格林尼亚静下心来思前想后，为自己以前的行为感到羞耻，他决定洗心革面，重新做人。

格林尼亚来到了里昂，幸运的是，他遇到了路易·波尔韦，这位老师愿意帮助他从头开始。时间一天天过去，格林尼亚勤奋刻苦的学习终于获得了成果，他凭借自己的努力考入了里昂大学。

在这所大学里，他成了最勤奋的学生。工夫不负有心人，他受到了当时学校的有机化学权威巴比尔的青睐，从而开始了科学研究之路。

1912 年，由于格林尼亚发明了格氏试剂，对当时有机化学的发展产生了巨大的影响，因此瑞典皇家科学院决定授予他诺贝尔化学奖。

从格林尼亚的经历我们可以看出，犯了错不要紧，只要知错能改，并努力去学习，也一定可以取得成功。人非圣贤，孰能无过，关键是知错能改。一时的错误并不能说明什么，更没有必要总是耿耿于怀。后悔和痛苦是完全没有任何意义的，及时去改正错误，纠正自己的人生方向，这才是最重要的。

从错误中汲取经验教训

英国首相丘吉尔曾经在 2002 年 BBC 所举办的"最伟大的 100 名英国人"调查中名列榜首。同时，这位伟人还是一位优秀的政治家、画家、演说家、作家及记者，他不仅两次获得过诺贝尔奖，同时还两度出任英国的首相。

丘吉尔在年轻的时候却是一位惹人讨厌的家伙，他曾经由于不好好工作而两次被雇主解聘。他在以前上大学的时候，常常不去听课，而是待在宿舍内一直睡到中午的时候才起床。同时他还吸食鸦片，酗酒也是他的坏习惯之一，他会每天都喝大量的威士忌……这样一位劣迹斑斑的人，在犯过无数错误之后终于开始自省，从错误中汲取教训，最终成为英国最伟大的人物之一。

其实有很多从前被别人认为不可救药，犯了很多错误的人在改正自己的缺点之后，也取得了杰出的成就。关键在于要及时从错误中汲取经验教训，避免犯同样的错误。

没有人想永远做一个"坏学生"。如果已经成为大家眼中的"坏学生"，也不要自暴自弃，别人的看法其实全部来源于你的行动。

要想摘掉"坏学生"的帽子，就要先从身边的一些点滴小事做起。正确地审视自己，分析一下自己在性格上存在哪些缺陷，自身有什么坏习惯，学着去改掉这些坏习惯。努力去帮助别人，以自己的真诚去感动别人……

你付出的种种努力一定会收到成效，但也许这是一个漫长的过程，只要坚持下去，你就能脱胎换骨，变成一个"好学生"。

忠 35 告

不要羞于接受老师的帮助

不要害怕暴露自己的弱点，老师的年龄和阅历恰好可以给予学生更好的指导和帮助。
——诺贝尔化学奖获得者洛德·霍夫曼

老师的主要工作就是启发学生的心灵，开发学生的智力，辅导学生的学习。每一个老师都会极力去帮助自己的学生来接受各种各样的新知识。从道德的层面来讲，老师最初让学生体会到的是人类的关爱和同情心，这是做人的基本素质。作为一个学生来讲，要积极地配合老师，最重要的事情就是要能正确理解老师的行为，并且不要羞于接受老师的帮助。有时，学生并不情愿接受这种帮助，他觉得老师过多地干涉了自己的隐私，其实这种理解是片面的。因为老师只有在全面了解学生后，才能给学生提供更好的帮助和鼓励。

理解老师的爱

一位真正的好老师，一定会对学生严格要求，而不是讨好般的迁就。

1965 年，伍德沃德获得了诺贝尔化学奖。他的获奖原因是因为发现了天然化合物的合成法，这一成果的取得与他深厚的知识功底是分不开的。伍德沃德不

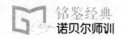

仅在学术上取得巨大的成就，而且还教导出一大批优质的科学人才，他是一位乐于助人，善于教导学生的好老师。许多学生就是因为对这位老师的仰慕才不远万里来向他求教，以做他的学生为荣。伍德沃德前前后后教出了五百多名研究生和进修生。这些人当中，有很多已经成为一流的科学家。

在伍德沃德的留言本上，有这样一则让人们感到吃惊又好奇的留言："当我走进这间房子的时候，再也不想来第二次了。"这是霍夫曼写下的。

原来伍德沃德对学生的要求极为严格。当霍夫曼去向这位老师交作业的时候，总会看到上面那些批评的语言，这让霍夫曼感到很难为情，他甚至决定再也不去见自己的老师了。但是，伍德沃德的严格要求却让霍夫曼向更高的标准迈进。这种严厉来源于一种更高层次的爱。后来，霍夫曼在1981年获得了诺贝尔化学奖。如果没有伍德沃德的严格要求，他是不可能这么快取得成功的，因此他在获奖仪式上多次强调了对老师的感激之情。

由此可见，老师的严厉正是为了更好地促进学生的进步。一位对学生不断迁就的老师是不负责任的老师。作为一个学生，要更好地理解老师的良苦用心。

作为一个老师，需要做很多的工作帮助自己的学生。有时，看似与工作无关的事情，他们也会认真去执行，因为这些事情有可能与教育有着千丝万缕的联系。因此我们不能简单地把老师的每项工作单独进行分解。比如，当老师了解学生的想法、观点和经历的时候，询问学生弱点的时候，了解学生的生活习惯和家庭背景的时候，也许会让学生感到有些不适应，其实这是完全没有必要的。

老师这样做的出发点主要是为了更好地全面了解一个学生，完全源自一颗无私的爱心。老师整天围着学生转，正说明了老师爱护这些学生，想了解情况，更为有效和直接地帮助学生。相反，如果一位老师不关心学生，对于学生的情况不闻不问，那么也就失去了教育的意义。

从老师的角度出发考虑问题

学生在学习中遇到问题自己不能解决时，不要羞于向老师请教。老师绝对不会嘲笑你的无知，相反，他们会尽可能地来帮助你取得进步。我们要学会从老师的角度出发考虑问题。一位老师会把注意力集中在学生有可能遇到的问题上面，并且极力试着去了解学生犯错误的原因，与学生沟通思想并设身处地帮他们解决困难。

学生并不只是被动接受知识的机器，应该学会怎么和老师进行沟通。只有将自己遇到的阻碍向老师坦诚相告，老师才会更好地理解你当前的处境，从而为你提供必要的帮助。在这个过程中，尽管老师有可能会批评学生或者表达自己的意见，此时，学生要能够理解，老师这么做完全是出于对学生的爱护。

一个学生在求学的过程中，很可能会遇到与老师意见相左的情况，这是非常正常的，遇到这种情况一定要冷静对待，理智解决问题，尽量从老师的角度出发考虑问题，理解老师的良苦用心。

其实发生矛盾的主要原因不外乎如下几种：

首先是不合时宜。比如，老师无意当众说了几句批评学生的话，出发点本来是为了爱护学生，但却有可能伤了学生的自尊心，这时，学生要尽量放宽自己的胸怀，努力去接受老师的意见。

其次是互相之间的要求不一致。比如，学生交上了一篇自认为满意的作品，但是老师却从中挑出了很多的毛病，让学生感到难堪。

最后是老师和学生的观点不一致。随着时代的发展，一些新事物的出现，总会在老师和学生之间产生不同的意见和看法，或者在日常的生活中，对于一些事情的处理，老师提出的意见与学生的想法产生冲突。

在上述这些情况之下，学生要加强与老师之间的沟通。当然，在沟通的时候，要注意说话的时间、地点和态度，对老师要多一点儿宽容，多一点儿理解，善于从老师的角度来分析问题。当老师与自己的意见不能统一的时候，也不要着急，可以用幽默来化解眼前的尴尬，以避免与老师的冲突升级。即便老师错了，学生也要积极主动地去缓和与老师之间的矛盾，在坚持自己原则的情况下，极力去维护老师的身份和尊严。

在现实生活中，有的老师对学生的谆谆教导有可能换来学生的反感和不满，从而对老师避而远之，其实这种做法是不正确的。我们要积极配合老师的教导，这样做会受益匪浅。

有这样一个故事。

班上新来了一位班主任，对于学生的要求极为严厉甚至达到了苛刻的程度。所有的学生都不喜欢她，甚至于非常反感。他们认为这位老师一点儿人情味都没有。于是几个调皮的学生甚至聚在一起出馊主意集体来捉弄这位老师。他们把一个垃圾桶放到了教室的门上面。当老师进去的时候，一推门，那个垃圾桶恰好掉了下来，砸在老师的身上，把她的衣服弄脏了。

出人意料的是，老师并没有生气，更没有去校长和家长那里告他们的状。她若无其事地按自己的想法来进行授课，以至于让那几位恶作剧的学生们羞得抬不起头来。

后来，所有的学生都积极地去拥护这位老师，而且极力按照老师的要求去做。到了期末考试结束之后，他们班的成绩居然从原来最差的班变成了成绩最好的班。

老师对学生的严厉是为了让学生更好地学习，是出于对学生的关怀和爱护。不要对老师的教导耿耿于怀，心怀怨恨，一棵小树只有经常修剪多余的枝叶，才会把根部吸收的养料运用在主要的枝干上，这样才会长得更高，成为栋梁之才。

关怀和爱护，会让孩子在绝望的时候成长起来，在困难的时候振作起来，学生要明白，有时，年轻人的缺点会让自己丧失理智，抛弃方向，同龄人可能帮不了自己，所以必须要求助于更为成熟的老师，他们会用适当的方式挽回你的自信和勇气，因此，在遇到困难的时候，找老师是一个非常好的选择。

我们不要羞于接受老师的帮助。因为老师的阅历远远比我们更丰富，他们的人生经验和专业知识可以给我们更好的指导。从职业的角度出发，他们能更好地理解学生，懂得如何去帮助学生，可以为学生提供更好的建议，让学生的成绩更优秀，品格更高尚。

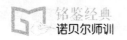

忠 36 告

与师为友，方得真传

学习任何知识的最佳途径是由自己去发现，因为这种发现理解最深，也最容易掌握其中的规律、性质和联系。

——诺贝尔经济学奖获得者莱因哈德·泽尔腾

在现实生活中，老师也是普通人，他们也需要得到学生的配合与理解，更渴望与学生进行更好的沟通。我们作为学生，只有对老师坦诚相待，以心换心，才能换来老师的信任和理解，同时更有利于老师更好地帮助自己，提高学习以及其他各方面的能力。

对老师以诚相待，也是为人处世的一种美德和自身的必备素质，这样做有利于学生更高的人格塑造和道德培养。如果对老师虚情假意，那么只能换来对方的失望和冷漠，最后受伤害的往往是你自己。

对老师要坦诚相待

师生间的关系应该是纯洁高尚的。这种关系应该以坦诚为基础，才有利于双方更好地理解和沟通。作为学生，我们对待老师的真诚一定会换来对方的支持与帮助。当我们在学习过程中遇到困难的时候，老师可以成为我们的引路人，帮助我们尽快摆脱困境的折磨和压力的困扰。

举一个简单的例子。在课堂上，如果我们对老师讲述的内容不能理解，那么就要直接诚实地表达自己的看法，实事求是，只要态度诚恳，老师一定能够理解，并且把刚才的问题进行重复讲述。如果老师提问的时候，我们不直接说明原因，而是用各种借口极力掩盖自己的无知，找一些客观的理由来搪塞老师，那么就会在无形中招致老师的反感，不利于双方进行真诚而有效的沟通。

在课堂上的讨论过程也是如此。我们可以向老师提出自己的观点，甚至提出与老师相反的个人意见，这种情况是教学过程中司空见惯的事情，老师不会介意，相反，他会觉得你善于提出问题，更有利于他的教学工作有重点有策略地进行。

从某种程度上来讲，老师更渴望成为学生的好朋友，这样可以在平等、尊重、友好的气氛之下树立自己的威信，更好地充当科学殿堂引路人的角色。

沟通也是一门艺术，我们要学着去掌握这门艺术。从现实客观的角度来讲，老师和我们之间存在着"代沟"，因为老师和我们所处的年代不同，因而思想上会存在差异，老师和我们的行为模式也会有所不同。对老师而言，我们是一个思想不成熟的群体，需要老师的指导，更需要老师的帮助。老师的职责就是当好我们的顾问，在我们需要帮助的时候给予必要的帮助和指导。

学生如果想和老师进行良好的沟通，首先需要拥有一颗热忱的心，愿意为建立良好的师生关系而努力。当然，师生之间的沟通有可能会存在一些障碍，我们要努力去消除这些障碍，打好与老师沟通的基础。相反，如果对老师抱着一种敌对态度，这样很不利于我们自身的成长，更不利于和老师的沟通。

如果我们和老师以心换心，真正体会老师的良苦用心，那么一定会建立双方感情的沟通渠道，更有利于老师对我们进行悉心教育。

保持自己的个性，但是也要尊重老师

维勒从小就对化学很感兴趣，后来经过努力，他考上了马尔堡大学。在大学里，他依旧对化学相当迷恋，把自己的宿舍弄得和实验室一样。在这间实验室内，他不断进行研究，并取得了很多成果，还在《希尔伯特年鉴》上发表了一篇论文，引起了化学界的轰动。

后来，他打听到海德堡有位杰出的利奥波德·格麦林教授是化学方面的专家。于是他打算去听格麦林教授的课程，但教授竟拒绝了他的请求，这使他大感意外。教授诚恳地对他说："您通过自学达到的水平，已远远超过我对学生提出的要求。《希尔伯特年鉴》上登载的那篇论文，表明您的化学知识极其渊博。我认为您确实具有相当出色的实验才能，因此您要听课，我断难同意。如果提问题或是谈天什么的，随时来实验室找我就是。"

维勒对教授的话记在心中，他懂得这是教授对自己个性的肯定和对自己才能的承认，与此同时，他也向这位教授表达了自己的尊重。他来到了这个一流的实验室，开始了新的研究。几年之后，他终于获得了诺贝尔化学奖。

在诸多获得诺贝尔奖的人之中，爱因斯坦就是一个很有个性的人，他曾经在写给格罗斯夫人的信中提到了这一点："苦和甜来自外界，坚强则来自内心，来自一个人的自我努力；我所做的绝大部分事情都是我自己的本性驱使我去做的。"爱因斯坦正是通过重视自己个性的态度才在最大限度上开发出了自己的潜能。

教育是一个人的立身之本，它的出发点就是爱护和发展人的个性。我们要学会保护自己的个性，让它得到发展，但是同时也要尊重老师。

如果没有教育，就会让自己的人生一片荒芜。老师从职业的角度出发，会爱护和发展我们的个性。我们要尊重老师，认真听取老师的意见，考虑老师的要求，接受老师的指导，这样可以有效提升自己的素质水平。保持自己的个性固然重要，但是千万不要因此而与老师发生冲突，造成矛盾，老师对我们的批评完全出于爱护的心理，我们要认清这一点。尊重老师的结果往往会换来老师的理解和帮助，从而更加有利于我们的成长。

与老师保持良好的关系和适当的距离

我们和老师的关系，既要保持亲近，但是也要适当保持距离，对老师表示尊重。老师在向我们传道、授业、解惑的过程中，对我们是抱有极大的期待的。

无论我们的言行标准还是学习成绩、品德修养，都在老师的指导范围之内。一个老师眼中的好学生，应该是一个爱学习，品德好，有礼貌，爱干净，守法纪的学生，这些都是每一个学生渴望拥有的素质，因此老师和我们的希望是一致的。这些就奠定了与老师搞好关系的基础。

当老师在课堂上讲课的时候，我们要认真听讲，尊重老师的劳动。当老师在日常生活中表达对我们的关心时，我们要对老师的好意表示理解，并做出相应的表示。

老师的位置决定自己要在我们面前树立威信，而我们尊重老师，是对这种威信的认可。一个老师如果在课堂之上不能树立自己的威信，那么学生们的行为便不会受他的控制，这样一来，教育就没有办法持续下去。与此同时，老师威信的丧失也会让学生对老师的形象大打折扣，对老师传授知识的可信度产生怀疑。一个没有威信的老师是失败的老师，但真正蒙受损失的是学生。而当我们拥护老师，

听从老师的指导，就会让老师以更大的热情投入到教学工作中去，这对于我们的成长无疑是非常有利的。

但是，我们要学会区分老师的权力与威信的区别。老师拥有的威信并不是拥有可以强迫我们做任何事的权力。威信的中心含义是让别人心服口服，对主体尊敬和佩服，从而主动地听从于主体的指挥。我们对老师也应该是这样，听从于老师的指导，服从老师的指挥，对自己的老师由衷地生发出尊敬，这种尊敬是人类可贵情感中的一种，是我们对老师辛苦付出的一种肯定。

我们可以在业余时间里对老师表示关心，也可以开个玩笑表示亲切，但一定不要乱开玩笑，比如，给老师起外号，或者搞一些恶作剧戏弄老师，等等，这些都会损害老师和我们之间的感情，进而影响到老师的教学工作。

老师的职位决定了他对知识的掌握程度一定比我们深入，理解能力一定会高出我们许多，这些就奠定了我们尊重老师的基础。我们的尊重会唤起老师教课的热情，从而在教课的时候更加用心，最终受益的还是我们自己。

懂得尊重你的同学

不尊重别人的自尊心，就好像一颗经不住阳光的宝石。

——诺贝尔奖创立者阿尔弗雷德·伯纳德·诺贝尔

在学生时代，除了尊重长辈、老师和朋友之外，还要尊重自己的同学。同学是和自己朝夕相处的人，也应当是关系亲密的人。师生关系和同学关系是学生在学习过程中最基本的人际关系。每一个人都要学会尊重自己的同学，与自己的同学建立真挚的友谊。

同学之间要相互信任，以诚相待，这是尊重同学的基础。同学之间的关系是相互的，尊重他人才能获得他人对自己的尊重。

尊重同学，善待他人

在一位诺贝尔奖获得者的颁奖仪式上，他讲述了这样一件感人至深的事情。

在 30 年之前，有一位戴着眼镜的同学，抱着很多的书经过校园。当时有一帮低年级的同学经过，顽皮的孩子们失手把这些书打翻在地。有个特别爱恶作剧的小孩子还故意使个绊儿，把这位抱书的学生绊倒在地，眼镜也掉了下来。当时抱书的学生趴在地上，两眼充满痛苦的神色，他的双手在地上不停地进行摸索，寻找自己的眼镜。恰巧在此时，另外一个同学看到了这一幕，她跑了过来，捡起地上的眼镜递给他。当他的视野重新变得清晰的时候，他看到了眼前这位同学友好的微笑。这个微笑让他感到生活中依旧充满阳光和希望。

故事讲到这里，诺贝尔奖获得者对大家承认那个跌倒的同学就是自己。他接下来讲的话让所有的人都吃了一惊，原来当时他把自己在学校所有的书都整理出来抱回家是打算要去自杀的。这样，在他死之后，家人就不必来学校整理他的遗物了。但是，那个同学的微笑却把他从死亡拉回到了现实，从此以后，他不断地奋斗，最终获得了诺贝尔奖。这番讲话让所有的人热泪盈眶，台下响起了一片掌声。

从这件小事我们可以看出，同学之间献出的一点儿微小的爱心，对周围的人所产生的人生影响可能是巨大的。我们每一个人都应该让爱心永驻心间，真诚地去关心周围的每一个人，包括我们身边的所有同学。尊重同学，善待他人，让我们的爱心起航！

我们帮助了别人不要想着对方会如何回报，但是当接受别人帮助的时候，一定要诚心诚意地表示感谢。有时，同学间的一个小小的举动，有可能换得别人终生的铭记，甚至于改变另外一个人的命运。

有这样一句话，"上天要我们每个人都要面对另一个生命，让我们以某种方式去影响另一个生命。"每个人都要乐于用自己的快乐和爱心去照亮他人的生活，当身边的同学遇到挫折的时候，我们就要努力去奉献自己的一份爱心。

搞好团结，建立友谊

在同学之中，闹矛盾是难免的。年轻人有时会争强好胜，但是一定不要把它用在处理同学关系上。如果因为一点小小的矛盾就和同学打架吵闹，是素质不高的表现。同学之间大多是由于一些微不足道的生活小事引起矛盾，在发生矛盾的时候，首先要检讨一下自己，多说一句"对不起"，千万不要恶语相加，只有这样才会平息"战争"，搞好团结。反之，只会让矛盾升级，事态恶化，甚至酿出悲剧。

有这样一个故事：

两个朋友结伴度过沙漠，在走到中途的时候，两个人之间由于一件小事发生了争吵，最后其中一个人打了对方一巴掌。挨打的人很难受，他用手指在沙地上写了一句话："我的好朋友给了我一记耳光。"

两个人从此之后再也不说话，继续前行。走不多久，他们看到了一个湖，风景优美，水质纯净。于是两个人跳下去游泳。结果挨巴掌的那个人溺水了，幸亏打人的那位朋友救了他。在被救之后，挨打的那个人在石头上用刀刻下了一行字："今天我的好朋友救了我一命！"

朋友感到很奇怪，问他为什么把字分别写在不同的地方。他笑着说："当朋友伤害我们的时候，要写在容易忘却的地方，岁月负责把它抹去；但是当得到帮助的时候，一定要刻在心灵的深处，那里不会被岁月抹去半点儿光芒。"

这个故事说明，有时候朋友伤害自己往往是无心的，同学之间也是如此，而帮助却是真心的，如果我们为一件微不足道的小事耿耿于怀，对朋友的帮助视而不见的话，心里只会越来越烦恼，而且朋友变得越来越少。

在帮助别人的过程中，受益的不仅是对方，还包括自己。这样就会让你和同学之间的关系越来越好，当自己遇到困难的时候，一定会有很多人伸出援手。要努力培养自己的兴趣，尽量让这些兴趣广泛起来。一个不会唱歌，不爱跳舞，不会画画，不喜欢活动的学生是很难拥有很多朋友的。如果我们兴趣广泛，就可以

在一起参加各种各样的活动，为结识更多的朋友和建立长期的友谊打好基础。

要想搞好团结，还要努力去学习同学的优点。这样就会在无形中让自己取得进步，同时也会让大家更加喜欢你。

共同学习，相互勉励

华人科学家高锟小时候常常和同学们在一起玩。他们把红磷粉与氯酸钾进行混合，然后掺水拌成糊状，接着将其搓成一颗颗弹丸，然后等到晾干之后扔下去，就会发生爆炸现象……其实当时高锟对于化学一无所知，主要是受同学的影响才对科学产生了好奇。后来，他又对无线电产生了浓厚的兴趣。

高锟上学的时候，最喜欢和同学们一起玩无线电，合作做实验。他在一次讲话中谈到曾与蔡生民同学（曾为北京大学博导）一起用真空管组装收音机，当时的事情对他而言充满了乐趣。

事隔多年，在1996年3月的一次小学同学会上，高锟与蔡生民再度相逢，还对此事念念不忘，他开玩笑说："咱们以前就搞合作，如今你搞电化学，我搞光纤，要不再来次世纪大合作。"

当时高锟担任香港中文大学校长，他感慨地说："与其说是我受家庭影响，还不如说是我受同学影响更多。"他认为自己在小学的时候对科学产生兴趣，主要是由于和同学们在一起，因为有几个朋友都是常玩这些东西的，因此自己受到了同学的影响。

现在，高锟昔日的小伙伴也大多都成了世界名人。

由上述故事可以看出，与同学之间的共同学习，互相勉励是多么重要，它有可能对一个人未来的成长产生深远的影响。同学之间的帮助，主要是学习上的。

通过与同学的交流和沟通，自己的学习水平会提高得更快。而且一些兴趣广泛的同学，还会对自己产生更加深远的影响。

古人曾说过："独学无友，则孤陋而寡闻。"讲的就是关于学习交流的重要性。如果自己能和同学共同学习，相互勉励，那么一定会进步更快。我们能和自己的同学在一起学习，其实是彼此之间的一种缘分。要珍惜同学之间的友谊，互相尊重，善待他人，这样才能更有利于自己更好地完成学业。

在平时处理与同学之间的关系时，要做到襟怀坦白，以诚待人。同学之间的关系是平等的，要想和同学搞好关系，既不能自傲，也不必自卑。当同学需帮助的时候，要无私地伸出援助的双手；当然，当自己遇到困难的时候，也要乐于接受别人的帮助。换个角度来讲，对同学的尊重其实就是对自己的尊重，这也是心理健康的表现。更重要的是，同学之间的关爱会让我们的学生时代洒满幸福的阳光。

忠 38 告

别轻视了自己的"异想天开"

出色的科学家总是会想象的。

——诺贝尔化学奖获得者欧内斯特·卢瑟福

想象力是从事科学研究的一种重要智能。爱因斯坦曾经说过："想象力比知识更重要，因为知识是有限的，而想象力概括着世界上的一切，推动着进步，并且是知识进步的源泉。"

根据心理学家的研究显示，天才的重要特征是富于创造力，擅长展开形象思维，而不是智商。许多世界上著名的诺贝尔奖获得者就具备这样的特点。杰出的原子核物理学家卢瑟福有这样一句名言："出色的科学家总是会想象的。"这句话形象地说明了想象的重要性。

学生们在学习过程中，思维不要有局限性，要善于联想，敢于创新。因为想象力在学习中发挥着重要的作用。

想象力比知识更重要

英国物理学家廷德尔曾经说过："有了精确的实验和观测作为研究的依据，

想象力便成为自然科学理论的设计师。"在日常生活中，知识只是我们的大脑中一些零碎的原料，要想从事科学研究，就要在想象力的作用之下把这些原料拼凑起来，构思出新事物运动的图像。由此可见，是想象力让所学的知识得到了有效的运用。

在进行想象的时候，一定要有序进行，思考要连贯。有意识的想象才能实现自己的目标，另外，想象力也是建立在探索研究的基础上的。当年道尔顿根据当时发现的几种元素，发挥自己的想象力进行推测，从而认为一切物质都是由元素组成的，原子理论便在这个过程中诞生。与此相类似，原子核模型也是卢瑟福在 α 粒子散射的实验基础上完成的。这些事例生动地说明，想象力可以让那些零碎的知识产生内在的联系，从而具备科学研究的基础，这样就可以突破传统思维模式的束缚，从而创造出新的事物。

人的大脑很复杂，由 100 亿个神经细胞所组成，这些细胞划分为不同的功能区，各有不同的用途。想象就是大脑的一种思维活动，它是指人的大脑中保存下来的记忆内容被不同的方式重新进行组合，从而形成新的想法或产生新的形象的复杂过程。

世间所有的科学创造都是从想象开始的。想象力让人类对于现实世界产生怀疑并进行思考，从而有了奇妙的思想出现。爱因斯坦曾经说过，"我们所体验到的一种最美好、最深刻的情感，就是探索奥秘的感觉。谁缺乏这种情感，谁就会丧失了在心灵的神圣的战栗中如痴如醉的能力，他就可以被人们认为是个死人。"相比较而言，想象力比知识更重要。

通常情况下，老师最担心的是学生出现这样一种情况，那就是每天在课堂上虽然认真听老师讲课，但是却不会思考，缺乏想象力，这样的学生思维能力不会有很大提高。因为学生只能通过多动脑筋，勤于思考，把想象力建立在所学的知

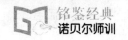

识基础之上，才能让自己的智力水平不断提高。人的大脑就像是机器一样，频繁使用才不会生锈，只有让脑筋灵活动转，才会让自己的思维能力得到迅猛的发展。

要发展自己的思维能力，关键在于养成爱动脑筋，积极思考的习惯。只有通过多动脑、多思考，才能促使思维能力得到迅速的发展。

充分认识想象的价值

大家都知道美国的莱特兄弟曾经发明了飞机，从此之后可以让人类在天空中自由的翱翔。如果没有想象力，可能这一切都不会发生。

莱特兄弟原来是修理自行车的人。他们本来可以满足于自己的这份工作，度过平淡的一生，但是这两个人都是特别爱动脑筋的人，因此时不时地搞点儿新花样。有一天，他们正在路上骑自行车的时候，突然发现车闸失灵了，当时正处在下坡路上，因此自行车迅速冲过去，把路上的行人吓坏了，兄弟俩觉得非常不好意思。他们想，要是让自行车能飞上天空的话就好了，接着他们又想如果把汽车、火车做下改装，结果又会是怎么样呢？

在当时，很多人都对他们的这个想法持怀疑态度。无论是小孩子还是当时的权威学者，都认为如果让比空气密度大的钢铁做成的飞机飞上天空的话是绝不可能的。颇受敬重的美国科学家西蒙纽康甚至发表了长长的演说，证明靠机动力量进行飞行是不可能的。大家都反对他们这样做，认为他们的想法非常可笑。

但是莱特兄弟并没有放弃，他们不断钻研理论知识，并且还抽时间观察鸟类飞翔的姿态。他们把大量的时间用于钻研飞机的制造，最后，他们终于成功了。一架用内燃机做动力，用木料做骨架、机篷的帆布的飞机诞生了。当飞机上天的那一刻，莱特兄弟为人类开辟了航空科学的新纪元。

纵观自然界的一切，从宇宙中的巨大天体到日常事物中的微观粒子，从各种植物的形态到各种机械的制造……这些都是人类发挥想象力的空间。在想象力的推动下，人类不断向前发展。

许多的诺贝尔奖获得者在谈及自己的成功经验时，总是归功于想象力的作用。由此可见，想象力是非常有价值的，哪怕是一些"异想天开"也是如此。

伟大的科学家爱因斯坦正是由于想象力丰富才创立了世界著名的狭义相对论。其实关于这些理论，在他16岁的时候便已经有了思想的萌芽。当时他想："如果我骑在一条光线上，追上另一条光线，那将会看到什么现象呢？"这句话受到周围人的嘲笑，认为他是胡思乱想。10年之前，他根据这种想法创立了让世人震惊的理论，"胡思乱想"变成了奇思妙想。因此我们要充分认识想象的价值，不要轻视"异想天开"。

想象还为科学发明指出了明确的方向，并提供了前进的道路。这主要是因为想象力不受时间和空间的限制，从而可以超前地把现实生活中不具备的事物形象以抽象思维的形式在大脑中展现。有很多的科学家，比如物理学家法拉第、麦克斯韦等都是通过想象力把自己所研究的问题在头脑中构成具体的事物，从而提出了科学方面的新理论。

学会扩展思维

托尔斯泰曾经说过，一个没有想象力的民族是没有希望的。爱因斯坦在总结自己的相对论发现原因时，也曾提到过想象力发挥了重要的作用。因此在创新过程中，一定要敢于扩展自己的思维，提高想象能力。

1960年，保罗·伯格在研究过程中发挥想象力提出来一个大胆的问题："是否可以创造出一种人工的方法，把外界的遗传基因引入人或动物体内，实现基因重组，从而达到变异生命体种属性质的目的呢？"他为此展开了深入的研究，由于伯格这一敏锐的科学预见，他被后世的人们称为基因工程的开创者。这位生物化学家利用自己的想象力进行了扩展思维，从而让人类实现 DNA 重组技术迈出了重要的一步。

要想让我们的想象力发挥作用，就要不断进行扩展思维，寻找新材料新方法进行研究，必要的时候可以求助于老师或自己的同学。想象力的作用是无穷无尽的，富于想象力的习惯将会让我们终生受益。

瑞士心理学家皮亚杰说过："智能训练的目的在于造就智能的主动探索者。"想象力是每一个人都具备的能力，特别是年轻人，想象力更为丰富。通常情况下，有想象力的人都缺乏经验，而有经验的人又缺乏想象力。如果想保持想象力，就需要不断地进行思维训练，因此我们必须学会如何去扩展自己的思维。

在我们的生活中，处处是知识，校园内外都是我们可以发挥想象力的地方。但是光有想象力是远远不够的，还要通过学习各种知识充实自己，图书馆、博物馆等都是我们获取知识的地方。要想发挥自己的想象力，知识是必备的基础。

想要扩展思维，还要积极地去创造条件。在学校里，老师会为学生提供自由创造的机会和各种感性的材料，这些都可以为我们的想象力提供有利条件。所以我们要抓住这些机会，激活自己的想象力。

忠 **39** 告

任何时候都不要弄丢了好奇心

　　每个人在孩提时都具有好奇心，但是成年后就没有那么大了，这非常可惜。一个人只有具有好奇心，同时加上努力才会成功。

——诺贝尔物理学奖获得者罗伯特·劳克林

　　美国著名天文学家、科普作家萨根曾说过："每个人在他们幼年的时候都是科学家，因为每个孩子都和科学家一样，对自然界的奇观满怀好奇和敬畏。"由此可见，好奇心是人们与生俱来的。人们都希望自己知道或了解更多的事物，每个人都具有这种天生好奇的心态。

　　只要有好奇心，就会发现，其实人生中处处充满了奥妙。这些未知的事物可以让我们更好地发挥出自己的潜能，作出伟大的成就。只要认真地去研究，那么就会在好奇心的引领之下不断地进行学习。

人生拓展离不开好奇心的推动

剑桥大学是世界上有名的大学，在这里流传着这样一个故事。

有一天，罗素和大哲学家穆尔聊天的时候谈到："谁是你最好的学生？"

结果穆尔不假思索地说出了维特根斯坦的名字。罗素感到很奇怪，于是询问

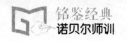

他原因。

　　穆尔意味深长地说："在我所有的学生中，只有他一个人会在听课时露出迷惑不解的神色。每当我结束讲课时，他又总是准备好了一大堆问题来向我请教。"

　　罗素听了，很不以为然。但是没过多久，维特根斯坦在哲学上所取得的成就就超过了他。当有人追究其中的原因时，维特根斯坦说这是由于他不再有好奇心来问问题了。

　　英国的化学家彼特小时候就有强烈的好奇心。彼特对周围的事物充满了浓厚的兴趣。由于他的父亲文化水平不高，常常不能很好地解答小彼特提出来的问题。但是父亲并没有为此而烦恼，他带着孩子去图书馆查阅资料，与孩子一起共同探询问题的答案。

　　有些问题必须通过实验才能解决。于是彼特的父母便为自己的儿子买来了工具和材料，让他做各种各样的实验。小彼特的好奇心渐渐成为他事业发展的原动力。十几年之后，彼特经过努力获得了1967年的诺贝尔奖。由此可见，正是在好奇心的推动作用下，他才取得了如此巨大的成就。

　　从某种角度来讲，好奇心也是科学家在研究过程中所必须要具备的素质。一个科学家的好奇心会让他们对周围的一切都产生浓厚的兴趣，从而引发从事科学研究的动机。从很多科学家的事迹中，我们都可以体会到这一点。

　　要想成就自己的事业，自然需要动力的支持。而这种动力通常来源于好奇心的驱使。人生下来就对外界具有强烈的好奇心，如果将好奇心保持下来，就会对于那些未知的事物保持浓厚的兴趣，从而积极地去吸收各种知识，去探索那些未知的秘密。在这个过程中，我们的视野会变得更加开阔，我们的人生高度也会有所提升。

要永远保持好奇心

德裔加拿大物理学家和化学家赫兹伯格曾在 1971 年获得了诺贝尔化学奖。他在上初中的时候，就对各种各样的化学仪器很着迷，对这一学科的强烈好奇心推动他努力去学习各种化学知识。老师见他如此用功，非常高兴，尽可能地多讲一些问题拓宽它的视野。随着对化学知识的深入研究，赫兹伯格加深了对化学这一学科的了解，在好奇心的引领之下，赫兹伯格最终获得了巨大的成功。

还有一个故事是关于詹姆斯·杜威·沃森的。

他在 5 岁的时候，由于好奇心的驱使，问了妈妈一个好笑的问题："妈妈，我是从哪里来的呢？"

妈妈笑了，告诉他："你和哥哥都是妈妈从肚子里生出来的呀。"

詹姆斯·杜威·沃森接着又好奇地问："那为什么同一个妈妈生出来的孩子却长得不一样呢？我和哥哥长得并不是相同的模样啊。"

妈妈被儿子这个问题难住了，她沉吟了好久才答道："对不起，妈妈也不知道。"

看到妈妈为难的样子，儿子调皮地笑了："妈妈，我将来一定会把这个问题搞明白，然后再告诉你。"妈妈欣慰地笑了。

几十年之后，詹姆斯·杜威·沃森实现了自己的愿望，他对遗传学的研究取得了重要的成就，并因此获得了 1962 年的诺贝尔生理学或医学奖。其实就连他的妈妈也没有想到，儿子对于这个问题的好奇心能一直保持下去，并且把它作为自己人生的专业追求。詹姆斯·杜威·沃森最终完美地兑现了儿时对妈妈许下的诺言。

在好奇心的驱使下提出问题并不难，难的是一直保持好奇心并且把问题彻底搞明白。有些人儿时很聪慧，对一切都保持好奇心，但是随着渐渐长大步入成年，便对周围的事物表现出一副冷漠的态度，而且认为自己再像从前那样提问题是一种"很傻"的表现，其实是这是非常错误的。失去了好奇心，相当于失去了学习的兴趣和创造精神，许多人便像这样渐渐变得平庸，一生没有什么大的成就。

相反，如果一直保持好奇心，就会不断探究问题的结果，时间长了，就会养成独立思考和创新的习惯。也许等我们长大之后已经不再记得提问过哪些问题，曾经得到过什么答案，但是培养出的这种能力却能帮助我们取得更大的成果。从事科学研究的乐趣，就在于不断地发现问题，然后不断地解决问题。如果不能够保持好奇心，那么也就失去了从事科学研究的原动力。

好奇心是成功的法宝

总结那些著名科学家的成功经验不难发现，几乎所有的人都具有好奇心。万有引力是由于牛顿对苹果落地的方向产生了好奇心，从而进行研究发现的；蒸汽机是由于瓦特对烧水壶上冒出的水蒸气推动壶盖所产生的运动好奇而改良的；爱因斯坦之所以作出了巨大的科学成就，与他从小就对各种事物具有好奇心有很大关系；就连伟大的发明家爱迪生，小时候也由于好奇心而钻到鸡窝里孵了一次鸡蛋……由此可见，好奇心是他们成功的一个重要条件。

随着社会发展的加快，知识的更新和淘汰速度也相当迅速。今天的最新科研成果也许用不了多久就会变得过时。保持好奇心是跟上时代步伐的重要一环。只有不断发现问题，才能在科学领域不断地前进，这是取得成功的关键。

纵观那些获奖的科学家们，整天泡在实验室里与那些瓶瓶罐罐们打交道，总结出一系列枯燥单调的实验数据。有时因为时间紧张，还经常放弃自己的休息时间。不仅如此，科学家们还要承受失败的打击，忍受常人难以忍受的寂寞……如果没有好奇心在背后做支撑——让科学家们渴望能有令人兴奋的新发现，将会很难坚持下去。

当一个又一个有创意的想法被提出来的时候，好奇心总让人忍不住开始琢磨究竟这些想法能不能行得通，如果行不通，会发生什么样的事情……于是在好奇心的驱使之下，科学研究才能不断深入。著名的诺贝尔奖获得者朱棣文曾说过，科学需要最优秀的人，科学研究如果没有好的人才就会受到伤害，导致衰落。那些有能力的人在赚钱的同时也应该想着少赚一点儿，把精力放在满足人类好奇心上。

好奇心是对新事物的敏感与追求。好奇心发生是以大量原有的经验和知识为基础的。爱因斯坦曾经说过："这种好奇只是因为经验与我们的充分固定的要领世界有冲突的时候才会发生，系当我们强烈地经历这种冲突的时候，它就会以一种决定性的方式反过来作用于我们的思维世界，这个思维世界的发展，在某种意义上说就是对好奇的不断摆脱。"科学家们学习和探索的过程，同时也就是把对事物的"好奇心"转换为"不足为奇"，让这些新的想法为大众所理解和接受。在这个过程不断重复的时候，社会也在一点一点地取得进步，而成功也会在好奇心点燃的思维火焰中悄然来到我们的身边。

忠 40 告

一屋不扫，何以扫天下

从细枝末节的小事做起，从细微处提出要求，注重每一个细节，每天去实现自己一个小小的梦想，总有一天，这些小事情会累积出巨大的成就，带着我们走向成功。

——诺贝尔和平奖获得者旺加里·马塔伊

在学习习惯中，从细微处学习，严字当头是非常重要的。对于科学家们而言，如果不善于捕捉细节的话，很容易会与一些重大的发现擦肩而过。科学研究的态度就是要求认真严谨，注重每一个哪怕是微不足道的细节。1968年诺贝尔生理学或医学奖获奖者尼伦伯格说过："一个善于捕捉细节的人，才是能领略事物真谛的人。"由此可见，细节有时候会影响到一个人事业的成败。

古人曾经说过："一屋不扫，何以扫天下"。这句话的意思是说当我们做事情的时候，要先从身边做起，从细枝末节的小事情做起，这样才有可能将来去造福于社会，造福于人类。

学会注重细节

一般来说很多让众人忽略的细节往往蕴藏着重大的科学秘密，科学家们往往会从这些细节中找到重大的科学发现。

在那些获得诺贝尔奖的科学家的资料中，有这样一幅图片，在巨大的"喇叭天线"上，有两个人站在上面，它们分别是阿尔诺·彭齐亚斯和罗伯特·威尔逊，正是他们发现了宇宙微波背景辐射。

1965 年，彭齐亚斯和威尔逊在位于新泽西默里·希尔的贝尔实验室展开了关于宇宙微波方面的科学研究。在当时，很多研究人员其实都遇到过无线电接收机内部噪声过量的情况，但他们认为这是非常平常的事情，没有人想到要深究其背后的内容，哪怕是一些世界一流的科学家也不例外。但是彭齐亚斯和威尔逊却注意到了这一细微的地方，并展开了精密的研究，做了大量的实验来验证。最后，他们发现了宇宙微波背景辐射，这种辐射正是他们研制的无线电接收机内部过量噪声的来源。凭借这一发现，彭齐亚斯和威尔逊于 1978 年共享诺贝尔物理学奖。

学生们在学习的过程中，也需要从细微处着手培养自己的学习习惯，比如，上课的时候注意听讲，把老师的讲解记在心中，做好课堂笔记；对于书本的内容积极进行思考，把思维调整到最佳的状态；提前做好预习，把自己学习的内容和老师讲的进行对照……当你做好这些小事之后，就会明白学习习惯的养成必须要从细微处才能找到突破口，严格地要求自己做好每一件事，这样一来，就会在潜移默化中形成良好的学习习惯。

当然，好习惯不是一朝一夕养成的，但是我们可以每天做好自己手头的事情，从细微之处学习，从做好每一道练习题开始。人们常说：天下难事必做于易，天下大事必做于细。要想将来成就大事，那么就要从细节着手。

细节决定成败

尼伦伯格博士对于研究过色氨酸的遗传密码的破译非常感兴趣，但是他当时刚到美国国家卫生研究院工作。在所有人的眼中，他只不过是一名最普通不过的研究人员而已。

尼伦伯格挑了当时最尖端的研究课题，也就是破译遗传密码。他的实验进行得并不顺利。虽然多次进行了实验，但是却没有任何促进合成反应的现象发生。尼伦伯格十分失望，此时恰逢他的婚期，他决定和新娘一起利用这个暑假去蜜月旅行。

在临走时候，他把工作做了精密的安排。他让助手把那些收集起来但是还没有实验过的材料依次加进合成反应液中，然后逐一通过仪器检测是否会发生促进合成的反应。助手严格按他的要求进行操作，每天用仪器检测带有放射性同位素标识的氨基酸是否会出现蛋白合成的现象，然后做出相应的记录。

一周后，助手像往常一样在放射活性测定仪旁，仪器却在开机的时候出现了不同的迹象，结果显示了与往日不同的实验记录和放射活性的测定值。当时，助手认为出现这种结果有可能是因为带放射标识的氨基酸没有洗干净，那么这样来说实验当然是失败了，必须重新去做。但是这是一件非常麻烦的事情，她决定先打电话向尼伦伯格汇报一下再做决定。

当尼伦伯格接到电话后，立刻丢下新婚妻子，连夜返回了研究院。为了验证结果，他重新进行了追加实验。虽然在别的研究员看来，这次实验出现蛋白合成反应只是因为加了人工核糖核酸的蛋白合成反应液，人工核糖核酸不过是奥乔亚合成的聚尿苷酸。但是尼伦伯格却没有忽视这一细微之处，他通过实验认定根据遗传密码的"三联体"学说，尿苷·尿苷·尿苷酸就应该是苯基丙氨酸的密码。

他的这项研究成果得到了高度评价。1968年，由于这项重大发现，他荣获诺贝尔生理学或医学奖。

分析尼伦伯格的成功历程不难发现，从事遗传密码破译的研究人员很多，把工作委托给助手去做的也不少，但是如果不是由于尼伦伯格没有放过一次细微情况的变化，就会与诺贝尔奖擦肩而过。成功只会青睐那些注重细节的人。

俗话说："细节决定成败，习惯成就未来。"这句话说明了细节在我们生活中的重要性。试想一下，如果一位科学家对细节不重视，那么将会错过多少惊人的发现。经过时间的磨炼，养成注重细节的习惯，就会对事物格外敏感，不会轻易放过任何细微的现象，再多的秘密也躲不过一双明察秋毫的眼睛。

从细枝末节的小事做起

就算是做小事，也可以有大成就。

在非洲，有这样一位黑人妇女。她在 20 世纪 80 年代被丈夫所抛弃，理由是"太有教养、太强大、太成功、太顽固，并且太难以控制"，这位妇女就是旺加里·马塔伊。就是这样一位弱女子，却因为领导了"绿色带运动"——在非洲栽下 3000 万棵树而在 2004 年 10 月获得了诺贝尔和平奖。

这位女子在得知自己获奖之后，所做的第一件事情，不是准备获奖演说和借此结交社会高层人士，而是选择在肯尼亚山脚下栽种了一棵树。

在那个激动人心的时刻，马塔伊却用很朴实的话来表达了自己的想法："我想告诉肯尼亚和全世界的人们，不管身在何处，种一棵树和我们一起来庆祝吧。"她对周围的人说，"世界上的大多数战争实际上都是为争夺自然资源而战，我们在为有效利用资源进行种树的同时，也植下了和平和希望的种子。"

"绿色带运动"是非洲 1977 年发起的最大的植树运动，这次运动取得了令世人瞩目的成就，历时 30 年之久。马塔伊在运动中发挥着巨大的作用，她带领贫穷的非洲妇女在森林覆盖率不及 2% 的肯尼亚等 20 个非洲国家种植了近 3000

万株树苗。马塔伊用自己的双手，把改善环境的希望和对和平生活的向往带给了世界。

诺贝尔委员会主席丹博尔特·姆乔斯高度评价了马塔伊："马塔伊站在肯尼亚和非洲社会、经济和文化生态可持续发展奋斗的前沿，她发出了非洲大陆推动和平和改善生活条件最有力的声音。"

马塔伊所做的事情，在别人的眼中，每一件都是微不足道的，但是她却并不认为这些事情可以忽略。马塔伊花了很多时间，不厌其烦地说服人们，妇女即使不借助高科技或者没有财政来源也可以改善她们的环境，她认为"我们每一个人都能有所贡献，我们往往放眼庞大的目标，却忘记无论身在何处，都可献上一份力量……有时我会告诉自己，我可能只是在这里种一棵树，但试想一下，如果数十亿人都开始行动的话，这将产生何等惊人的结果？"是细枝末节，让这位毫不起眼的妇女向世界展示了她思想上耀人的光彩！

"一屋不扫，何以扫天下"。如果连一件小事都做不好的人，是很难成大事的。根据人的心理及生理特点，一个人的各种身心规律的形成，也是在学生时代培养出来的。要学会从自己的生活细微处找出不足，把细微处做好，从细微处学习，这样才能为成功做好准备。

滴水能穿石：坚持创造奇迹

成功源于切实的目标、敏锐的眼光和果敢的行动，最重要的是再加上持续的毅力！没有坚持，即使目标再伟大，眼光再敏锐，行动再果敢也无济于事！

——诺贝尔文学奖获得者托马斯·曼

学习是一件苦差事，有的人能坚持下来，并取得了骄人的成绩；而有的人却意志薄弱，心理素质差，稍微吃一丁点儿苦他们就放弃了努力。

一个人做事无论大小，贵在坚持，只有长期坚持下去，滴水才会穿石。毅力是一个人取得成功的重要因素，有毅力的人终将会获得丰厚的回报。

不要忽视毅力的作用

毅力是指一个人在完成自己的学习、工作、事业的时候所具有的坚持的能力。让亨利·卡西米尔·法布尔是法国一位著名的昆虫学家、动物行为学家、作家。由于他的作品很受世人的欢迎，因此曾被称为"昆虫界的荷马，昆虫界的维吉尔"。

法布尔是法国南部普罗旺斯的圣莱昂一户农家的孩子。当时他所居住的村子周围种植了很多农作物。这些地方同时也是蝴蝶与蝈蝈等昆虫的乐园。法布尔从小就非常喜欢这些小昆虫，对它们的成长有着浓厚的兴趣。

当年，他的祖父母也经常给他讲一些关于小昆虫的故事。法布尔的童年是在离该村不远的马拉瓦尔祖父母家中度过的，当时年幼的他已被乡间的蝴蝶与蝈蝈这些可爱的昆虫所吸引，一心一意想投入对昆虫的研究中去。

法布尔曾经从事过各种各样的工作，但是在业余时间从来没有放弃对植物和动物的研究热情。后来，他来到科西嘉岛阿雅克肖做物理教师教授自然科学史。

科西嘉岛上的自然风光十分美丽，而且植物和昆虫非常多。法布尔向阿维尼翁的植物学家勒基安谦虚地学习，后来又跟随着莫坎·唐通去各地采集花草标本。

这位博学多才的良师给了法布尔很大的帮助。法布尔开始对于昆虫有了更多的了解，并于1857年发表了《节腹泥蜂习性观察记》。这篇论文一问世，便引起了法兰西研究院有关人员的注意，他们对这篇文章给予了很高的评价，法布尔也因此被授予实验生理学奖。

为了坚持自己的昆虫研究，他辞去了工作，并带领全家在奥朗日定居下来，一住就是十余年。在这期间，法布尔完成了后来长达十卷的《昆虫记》中的第一卷。

昆虫学家法布尔说过的一句话："把你的精力集中到一个焦点上试试，就像凸透镜！对于一个人而言，如果他可以像聚光镜聚光一样将自己所有的资源和能量聚焦，那么他无疑会加速自己成功的步伐，从而创造生命的奇迹。"法布尔把自己的精力放在对昆虫和植物的研究方面，并坚持了一生，如果没有毅力，是很难取得如此众多的成就的。

总有这样一些人，他们今天对画画产生了兴趣，就大张旗鼓地开始买颜料和画笔开始练画画；明天又对书法感兴趣，就把画笔扔到一边去，然后开始练字，也许后天兴趣又被别的所牵走了……凡此种种，最终一事无成。这种"三天打鱼，两天晒网"的做法对人的发展是很不利的。

有的学生学习成绩虽然不好，智力一般，有的甚至是后进生，但是他们却具有顽强的毅力，执著地去学习各种知识。他们的学习能力在毅力的支撑之下渐渐得到了增强，知识水平也在慢慢提高。时间一长，他们便会缩小与优秀学生的差距，甚至超过优秀学生。

在学习的过程中，树立自己的目标固然重要，但是要想让那些目标实现，只有靠坚强的毅力才能坚持下去。一个人如果没有毅力，就很容易被各种各样琐碎的事情所淹没，从而在目标还没有实现之前就被生活所打败；而那些伟人大多是由于坚忍不拔的毅力才走向人生巅峰的。在这个世界上，毅力可以弥补天赋的不足，可以让才能更加杰出，可以让我们离成功的距离更近。

贵在执著

托马斯·曼小时候对学校的课程一点儿也不喜欢，而对写作却表现出了很浓厚的兴趣。父母劝他把精力放在学习上，但是这个孩子还是在偷偷地写一些文学作品。在离开学校之后，托马斯·曼在一家火灾保险公司找了一份工作。这份工作非常无聊，他于是在誊写清单时偷偷从事写作，执著地坚持着自己的爱好。

1901 年，托马斯·曼创作出了长篇小说《布登勃洛克一家》，这本小说被誉为德国资产阶级的"一部灵魂史"。1909 年，托马斯·曼创作出长篇小说《魔山》；1947 年他写出了《浮士德博士，由一位友人讲述的德国作曲家阿德里安·莱弗金的一生》……

在他的执著和努力下，他成了一位世人瞩目的高产作家，众多优秀的文学作品在他的笔下诞生。但是在这期间，他却饱受生活的折磨，长期被迫流亡瑞士、捷克、美国等国家。颠沛流离的生活并没有让他在文学的道路上止步，反而越行越远，达到了后人难以企及的高度。在 1929 年，托马斯·曼获得了诺贝尔文学奖。

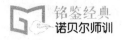
如果没有战乱中他苦苦的坚持，恐怕他是很难取得这样杰出的成就的。奇迹的产生，往往发生在那些做事执著的人身上。

每个人都渴望成功，但是人的一生很难事事顺利。面对成功路上的挫折和困难，我们能做的唯有坚持下去，取得最后的胜利。如果不能做到这一点，那么理想只能像海市蜃楼一样遥不可及。

坚持才会成功

成功在于坚持，只有坚持到最后才能取得胜利。每个人都可以树立自己心中的目标，但是在成功的路上，我们却很难走到最后，很多的时候，我们离自己的理想实现只有一步之遥，但是却在此时停下了前进的脚步，放弃了努力，因为不能坚持而错失了成功的机会，这是令人遗憾的事情。

英国的首相丘吉尔曾经被世人称为"我们生活的时代里最杰出和多才多艺的人"。1953 年，他被授予诺贝尔文学奖。这样一位伟大的作家同时又是一位世人瞩目的政治家，可以说他的经历在所有的获奖者中是绝无仅有的。

有一次，丘吉尔被邀请到一所大学做演讲。当他走上演讲台的时候，顿时掌声雷动。演讲开始了，会场极为安静。只听丘吉尔用坚定的语音说："成功的秘诀有三个——"此时，人们纷纷开始取出纸笔来做记录。"第一个，是绝不放弃。"

大家都不做声，等着他的下文。

丘吉尔接着大声说："第二个，是绝不、绝不放弃！"所有的人都瞪大了双眼在期待着。"第三个，是绝不、绝不、绝不放弃！"丘吉尔大声地说。全场寂静无声，片刻之后，响起了雷鸣般的掌声……

这位名人用自己的语言阐述了"坚持"的必要性。在成功者中，毅力是必不可少的条件；在那些失败者中，缺乏毅力几乎是他们共同的特点。很多人只会抱怨自己的命运不济，却很少从自己的身上找原因，正是因为他们缺乏毅力，所以才会导致失败。

小小的水滴可以穿透坚硬的岩石，就是因为它们的坚持。我们要想学习这种坚持，就需要在日常生活中，培养和发展自己的毅力。首先，我们要明确自己的目标。其次，要在日常生活中随时激励自己，用踏实的实际行动来代替幻想。另外，还要注意听取别人的意见，集中自己的精力，拿出自己的勇气来面对困难。

坚持下去，用自己的毅力来对抗挫折的考验，你便会获得丰富的回报。不要光顾着感叹自己命运不济，也不要退缩，最明智的选择是坚持。哪怕通往成功的道路漫长而崎岖，也不要轻言放弃。坚持就是胜利，坚持就会成功！

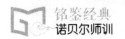

忠  告

专注与忘我才能成大事

把你的精力集中到一个焦点上试试，就像凸透镜一样。

——诺贝尔文奖候选人法布尔

所谓专注，就是把自己的精力放在眼前所做的一件事情上，甚至忘记了自身的存在。成就一切事物，关键就是要专注。一个人的能力有大小，但是如果把自己的意志全神贯注于一件事情，认真而竭尽全力，踏踏实实地做好每一件事，那么一定会有所收获。

世界上有很多有成就的人并不是天分很高的人，但却在自己的人生之路上写下了精彩的一笔，取得了巨大的成就，这主要源于他们肯专注地去做一件事情。

把精力专注于一个目标

在 19 世纪末，阴极射线的发现引起了世人的关注。富于探索精神，并有高超实验水平和严谨工作态度的威廉·康拉德·伦琴，也展开了对于这种射线的研究。

1895 年 11 月 8 日的傍晚，发生了一件偶然的事情。在黑暗的房间里，他突然发现在相距阴极射线管不到一米的桌上有一块亚箔氰化钡做成的荧光屏有荧光发出。他试着将荧光放到更远的地方，然而屏上仍有荧光可见。于是他意识到这不是阴极射线，而是一种新的穿透性很强的新射线。于是，他开始在接下来的日子一时半刻也不离开实验室。整整六个星期，他完全沉浸在对于这种新射线的研究之中。专注的科学态度让他忘记了身边的一切，连夫人气冲冲地找了过来，他都没有发现。

在实验中，伦琴发现这种新射线是沿直线传播，在磁场中也不偏转，最惊奇的是它具有很强的穿透性，他将这种射线命名为 X 射线。X 射线的发现，得以让人类的研究深入到了微观世界。1901 年 12 月，瑞典皇家科学院为了表彰伦琴的这一杰出贡献，将历史上第一个诺贝尔物理学奖授予了他。

伦琴发现 X 射线看起来很幸运，因为其他的科学家也曾见过类似的现象。但是机会只钟情于有准备的头脑，如果没有他的专注与耐心，绝对不可能获得成功。

在生活中，有的人的表现看起来很平常，没有什么过人的地方，但是他们却能专注地去做一件事情，无论遇到什么困难都不会退缩，最后在自己所专心的领域里取得杰出的成就，让我们刮目相看。与此相反，有的人看起来才华横溢，而且智力出众，由于博而不专，最终却只是表现平平。

在历史上，平庸者之所以成功完全得益于他们对于目标的专注，也许他们会用自己的一生只去做这一件事情，然而却走在了那些聪明人的前面。这些人骨子里都有一种不服输的劲头，他们为了达到自己的目标，决心就像磐石那样坚定，绝对不会因为暂时的诱惑而放弃自己的奋斗方向，这种顽强的毅力让他们比聪明人胜出一筹。

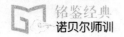
专注在重要的事情上

在奥运会上，美国游泳名将菲尔普斯让所有的人都感到震惊。他一个人居然拿到了 8 块金牌，并且连破了好几项世界纪录。当记者采访的时候，他的教练说在菲尔普斯的人生中，最重要的只有三件事，吃饭、睡觉和游泳，而游泳是最重要的，他在 12 年里，每周训练七天，每天游 12 公里，所有的时间都被各种各样的体能训练所占满，就是这样简单而专注的生活，让他走上了成功的顶峰。在他的眼中，所有的事情都没有游泳重要，因此他把自己的所有的精力都奉献给了自己深爱的事业。

我们要把自己的精力专注在重要的事情上，做什么都要达到一种忘我的境界。伟大的发明家爱迪生在结婚第一天与新婚妻子聊天时，突然想起了一个非常重要的问题。他立刻跑了出去，来到实验室展开了研究。新娘左等右等不见自己的丈夫回来，觉得不对，于是跑出去找他，当大家一起找到实验室的时候，爱迪生正专心致志地做实验。这样一个人，他把进行科学研究当成自己一生中最重要的事情，把所有的精力投入到上面，就是睡觉吃饭思维也围着问题转，所以才能成为一位科学巨人。

很多的时候，人们都很难静下心来踏踏实实做一件事情。科学研究离不开专注，做学问也离不开专注，如果你能认认真真只做一件事情，那么你就离成功不远了。

我们做事要专注，但是也要先做好选择，看看自己要做的最重要的事情是什么。专心去做你已经决定做的那个重要的项目，不要被其他的事情所干扰，一个人的精力是有限的，不可能做事情面面俱到。

读书切忌好博不专

丁肇中是一位美籍华人，他曾由于在1976年发现 J／ψ 粒子获得诺贝尔物理学奖，1977年当选为美国科学院院士。在他来中山大学参观的时候，重点参观了中山大学的光电材料与技术国家重点实验室，他细心地在每一个看似非常普通的仪器前俯首观察，他不时与身边的工作人员进行着交流，兴致勃勃。当有记者提问他领导的实验室以后会不会与中山大学合作的时候，他说要看学校对自己的实验室所做的实验是否真的有兴趣。当时，丁肇中领导的实验室曾经与中国的东南大学和上海交通大学合作过。有记者也就这个问题发问，为什么不挑一所比较名气大的大学来进行合作，比如说中国的最顶尖的大学清华大学和北京大学。

丁肇中很认真地回答说："我没有选中国最顶尖的大学如清华、北大，在国外我也没有选择和哈佛大学合作。因为名气大意义不大，最重要的是看学校对这些实验是否真的有兴趣。麻省理工大学离哈佛很近，但他们今天做这个项目，明天做那个项目，做我的这个实验一定要专注才行。"

由此可见，在丁肇中这位伟大的科学家眼中，科学研究最重要的事情就是——专注，而其他的事情则是次要的。他本人也身体力行做到了这一点。丁肇中在美国从事研究的日子里，一旦开始实验便夜以继日地进行研究，有时候对一个项目的研究有可能会开展两年之久，他会谢绝一切外交活动，抛弃一切杂念，专注而忘我地投入到其中。

从上述这些事情我们不难看出，"专注"是取得成功的重要且关键的一步。在读书的过程中，要做好"博"的同时一定也要注重"专"，"专"其实比"博"更重要，前者是基础，后者才是发展。要合理地处理好"博"与"专"的关系。从"专"的角度来讲，是学习的纵向要求，而"博"是横向要求。这就要求我们

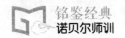

读书既要有广泛性，也要有针对性。对于自己的专业知识要做到又精又专，对于那些与专业相关的边缘学科知识要广博。但我们一定要清楚，专业知识占有最重要的地位。

以学习法律为例，在学好各种立法原意，了解各种法制之间的联系，掌握法理内涵等的基础之上，还会涉及其他各学科，比如历史、军事、政治、经济及心理学等方面的知识。但是我们在学习的过程中，法律专业知识是作为重点内容来掌握的。如果不以法律专业知识做基础，哪怕你再博学多才，也不可能深刻了解法律与其他领域的知识的联系。

因此我们要在思想上坚持正确的航向，不要偏离了自己正确的目标，这样才会在学习和工作中得心应手，游刃有余。一个人对于自己的目标越专注，学习知识的基础也就越牢固，那么与成功的距离就越接近。

忠 *43* 告

凡事最怕认真二字

世界上有很多人的资质并不比别人高出很多，是认真让他们变得与众不同。认真是一种良好的习惯和美德，如果能养成这一良好的习惯，将会拥有巨大的力量。

——诺贝尔化学奖获得者莱纳斯·卡尔·鲍林

认真做事，是一个人的基本素质。在这个世界上，人与人之间在智力方面和体力方面，程度比较相近。但是有的人做事总是失败，有的人却不断成功；有的人一辈子都很平庸，有的人却不断作出令人瞩目的成就，把自己的人生演绎得丰富多彩。

做同样一件事情，不同的人有不同的处理办法，自然也就会收获不同的结局。一个人的能力并不是最重要的问题，在很多的时候，那些成功的人与平常人之间，只是具有认真和不认真的区别。

不认真有可能会造成严重后果

1968 年 8 月 28 日，当苏联宇航员科马洛夫驾驶联盟一号宇航飞船正在向地球的方向前进时，突然，他发现了一项重大的事故隐患——降落伞打不开了。这时，距离到达地球的时间只有两个小时了。发生这种情况，意味着只能有一个结果，那就是飞船爆炸，宇航员牺牲。

科马洛夫通过屏幕向指挥中心进行了工作汇报。在这个过程中，他也对妻子和母亲说了许多告别的话。当他的目光移到了女儿身上的时候，孩子哭着说自己长大了也要做一名宇航员。听了这句话，科马洛夫请女儿转告全国的少年儿童们，学习一定要认真，不得有半点儿马虎。

最后，让人悲痛的时刻到来了，科马洛夫挥手向全国人民告别。飞船在七分钟后发生了剧烈的爆炸，这名宇航员光荣牺牲。经过科研人员的检测，酿成这次事故的主要原因就是地面检测时，一位小数点发生了错误所导致的。

就因为一个人犯了看似微不足道的小错误，才发生了这样一场悲剧，抛开科学研究方面的损失不算，这场事故让一个恩爱和谐的家庭转眼之间发生了破裂。妈妈失去了最心爱的儿子，妻子失去了亲爱的丈夫，年幼的女儿失去了父亲……

由此可见，认真对于我们而言是多么重要。尤其是在科学研究的过程中，它就显得更为重要。科学是一件极为严肃的事情，来不得半点儿马虎。错看了一个数据，或者由于马虎忽视了一个小小的细节，都有可能让你与成功擦肩而过。有时，一件不认真完成的小事，有可能给国家和人民造成巨大的损失。

很多的人在犯了错误之后，总会不以为然地说："那有什么大不了的啊，我下次再认真一点儿不就得了吗？"其实这种看法是非常有害的。认真严格是一种长期培养下才能形成的习惯，不是一朝一夕就可以做到的。有时，一次小小的疏忽，有可能会造成非常严重的后果。

认真是一种素质

对于人类而言，认真更多的是一种习惯和素质。它可以让一个人变得坚强而执著，更可以让一个民族变得无坚不摧，无往不胜。

1944 年第二次世界大战末期，德国被盟军的军队所包围，这个国家很快将会遭到覆灭的命运。所有的德国人民都遇到了同样的悲惨境况——经济衰退，物资匮乏。如果没有足够的食物和取暖的燃料，他们很有可能会被活活饿死。在这种情况之下，国家政府只好让老百姓们上山砍伐树木来作为取暖的燃料。

在这个被哀痛气氛笼罩的社会里，德国人民并没有像碰到世界末日那样一拥而上去哄抢。先是政府派出人员在森林里面搜索，把一些枯树病树和劣质树木做上了记号，通知大家只能砍伐这些做过记号的树木，如果违规的话，将会受到严厉的惩罚。这些规定也许在当时许多人听来就是一个很滑稽的决定，因为国家都快要灭亡了，还有谁会顾得上管这些事情呢？

时间慢慢逝去，当"二战"结束的时候，全德国的人民竟然无一例外地遵守了这项规定，没有一起乱砍滥伐的事情发生。要知道，这项规定虽然公布了，但是却没有任何强制的约束力在起作用。这件事情的发生让世人惊叹。

究竟是什么力量让德国人民在生命攸关的时刻仍旧表现出了超常的意志力呢？答案就是——认真！德意志民族是一个拥有认真习惯的民族，他们把这一切都渗入到自己的骨髓里面，深深地牢记在心中。就是因为这两个字，这个顽强的民族才没有被 20 世纪初、中叶两次世界大战所毁灭，而是以惊人的速度奇迹般地崛起了。

认真让一个民族变得执著而坚定，让一个国家繁荣富强。对个人而言，认真是成功者必备的素质，更是一个人坚强的理由。只有对生活认真，才会对事业执著，更会对成功渴求。这一系列的因素都是以认真为基础的。拥有认真的素质，往往会创造出人生的奇迹。

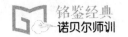

凡事最怕认真二字

莱纳斯·卡尔·鲍林是一位两次同时单独获得诺贝尔奖的伟人，而且他还是在不同的领域获得了表彰。鲍林是一位极为认真的人，正是由于这一优点，他的一生才变得不同凡响。

在鲍林上大学的时候，由于家境贫困，他不得不在课余坚持干活挣自己的学费。他曾经计算过，自己每个月至少要干活一百多个小时才能挣到25美元。在这种情况之下，他一分一秒都不能浪费，因为他还要保证自己的学业不受影响。于是在这个过程中他逐渐养成了认真对待每一秒钟的习惯。

为了上大学，他边打工边学习，当他攒够了上大学的学费并寄给妈妈保存的时候，妈妈却因为家境窘迫不得不把钱挪作他用。这对他而言是一个很大的打击，但是他却收到了俄勒冈农学院寄来的录取通知书，通知他可以给学校的学生们讲定量化学这门课程。事实上，主要是因为他优异的化学成绩帮了自己的大忙。

作为一个学生，鲍林虽然对教学艺术已经有相当深入的认识，知道如何在课堂上抓住学生的心，但是他还是很认真地对待这份工作。他尽量去寻找更多的书籍来进行阅读研究，用更多的化学实验来指导自己的理论知识。他的付出终于有了回报，学生们对他的授课内容非常满意，当一个学期结束之后，他所教的那个矿产系居然全体学生联名向学校提出了申请，要求学校准许他把其他几门化学课也一起教。这一段教书经历让鲍林得到了急需的经济帮助，也让他增添了上课的自信心，他决定开展最新的化学研究。

在当时的俄勒冈农学院，化学教授们自己极少搞科研，而且也不会对学生们介绍一些最新的化学成果，因为他们认为这些在讲课的时候根本就不需要。但是鲍林并不这样认为，他觉得凡事都要认真去做，如果无法激起学生们的求知欲，就不是一位真正意义上的好老师。

几年之后，鲍林通过自己的努力把化学推向了生物学，成为分子生物学的奠基人，这些研究成果，后来让他在 1954 年捧回了诺贝尔奖的桂冠。

从鲍林的经历不难看出，正是认真这一好习惯让他一步一个脚印，踏踏实实地向成功之路迈进。我们要想成功，离不开认真做后盾。那么，我们在日常生活中如何才能做到认真呢？

（1）制订详细的学习计划，对自己学习的内容进行时间上的限制，规定自己在某个时间段做什么，这样就会有目的地进行学习，不会分散自己的精力，更不会产生厌烦情绪，而且还可以提高学习的效率。

（2）学习的时候要全神贯注，不要在学习的时候想其他的事情或者做其他的事情，一心不能二用，只有一心一意集中在学习上，才有可能达到认真学习的要求。

（3）不要花大量的时间来学习同一门功课，这样容易疲劳，效率低，精力不容易集中，达到不到认真学习的效果。

（4）要用心，认真学习主要在于学生本人如何动脑筋进行思考，一个思考的过程远远胜过那些把单调的内容抄写上几十遍的效果。漫无目的地学习只是在白白浪费自己的时间和精力，只有发挥大脑的作用，才称得上是真正的认真。

（5）调整自己的情绪，它是影响学习效率的一个关键性的因素。保持良好的情绪是非常重要的，在学习过程中不要去想那些不顺心的事情，要以一种热情向上的乐观态度去对待自己的学习和生活，这样学习起来也会格外轻松。做到认真，世上的事情可以由难变易。再大的障碍，也将会在认真面前变得不堪一击，因为它们最怕"认真"二字。

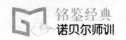
忠  告

绝不安于现状，每天都要有进步

我们生活似乎都不容易，但是那有什么关系？我们应该有恒心，尤其要有自信心！

——诺贝尔物理学奖和化学奖获得者玛丽·斯可罗多夫斯卡·居里

在这个世界上，有很多人获得了耀眼的成功，但是更多的人却依旧每天做着重复的事情，拿着一份微薄的薪水，一事无成地度过自己的一生。那么是什么让他们过得如此平庸呢？

首要的原因，就是他们对于现在平静生活的满足和留恋。他们认为自己的一生这样度过就已经很知足了，因此安于现状，不思进取。当岁月如云烟拂过眼前，年华流逝，步入晚年的时候，他们也许才会懊悔自己当初的选择。

学无止境，我们应当握紧手中的光阴，每天都要取得新的进步，为今后事业上的辉煌铺平道路。

保持进取精神，绝不安于现状

当我们年轻的时候，总是充满活力。当新知识出现的时候，我们会乐于学习和接受。对于新知识的渴望，让我们在学习知识的过程中享受了许多乐趣。事实上，这种进取精神应当伴随人的一生，生命不息，奋斗不止。

诺斯克里夫爵士被人们称为新闻界的"拿破仑"，他是伦敦《泰晤士报》的大老板，曾被人称为英国报业巨子。长期以来，世人一直认为《泰晤士报》是英国的第一主流大报，它被人们亲切地称为"英国社会的忠实记录者"。这份报纸在英国国内政治和国际关系问题上起到了至关重要的作用。

诺斯克里夫爵士最初工作的时候，每个月有 80 英镑的收入，他觉得对现有的工资待遇和环境非常的不满意。后来，他通过勤奋的工作，将《伦敦晚报》和《每日邮报》收购到了自己旗下，但是他还是感到不满足。

当伦敦《泰晤士报》到了诺斯克里夫爵士的手中之后，他还是不肯善罢甘休。对于他而言，自我满足是一种非常可耻的想法。由于他的这种进取精神和大胆的努力，《泰晤士报》对于提高国家政府的办事效率、英国国家制度的改进方面起到了非常重要的作用。

诺斯克里夫爵士不仅是这样要求自己的，同时也是这样严格要求别人的。有一次，当一个新入职的助理编辑在和他交谈时表示自己非常喜欢目前的工作，虽然他一星期挣 5 英镑，不过他已经感到非常满意了。

谁料诺斯克里夫爵士却不以为然地说："不，我可不希望你现在就感到满足。一星期 5 英镑对于我的职员来说还是太少了，你以后还要继续努力啊！"

这样的老板，实质上才是最优秀的老板。他知道，只有员工不满足现状，才会不断改进工作，提高自己的工作能力，这对于报社的发展是大有裨益的。报社要想在激烈的竞争中站稳脚跟、有所发展，唯有时刻保持进取精神才是硬道理。

我们也要时刻保持进取精神，学海无涯，不断的学习才会取得进步。不要甘于平庸，安于现状，只有每天保持学习的激情，我们才会离成功越来越近。

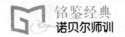

为开创未来做好准备

我们之所以对未来的生活充满希望，主要是因为我们相信未来会比现在的生活更加美好。对于每一个人来说，开创未来都是一件非常重要的事情。

当处于儿童时期的时候，我们会盼着快点长大，像大人那样接触更多的新鲜事物；当我们成为青年的时候，又想着像父辈那样开创自己的事业……时间不会停止，人生的目标也会发生变化。

诺贝尔奖获得者之所以成就卓越，与他们的不断进取，积极开拓未来是密不可分的。很多的获奖者早在少儿时期就树立了远大的理想，为自己的未来规划了一幅宏伟的蓝图。为了达到这个目标，他们博览群书，勤学好问，付出了常人难以想象的艰辛。

法国生物学和医学家阿尔方斯•拉夫伦在阿尔及利亚经过多年研究，终于发现了导致疟疾病的疟原虫，使人类对于传染病的研究迈出了关键性的一步。

拉夫伦小的时候，家里特别贫穷，交不起上学的学费。很多的时候，他都靠打工来维持自己的生计。在实验室打工的日子里，他对医生的工作产生了浓厚的兴趣，下定决心将来做一名神圣的医生。

为了实现这一梦想，拉夫伦开始偷偷学习医术。每当医院举行例会对病案进行研究讨论的时候，他都会寻找机会悄悄走进来，站在一旁听他们讲话的内容。他细心倾听，把医生的每一句话都记在自己的心中，回去后慢慢消化和吸收。

一年一年过去了，他的会议笔记也不知记了多少本。他的成绩也因此在班里出类拔萃，毕业后实现了儿时当医生的理想。他在求知的路上并没有停下自己的脚步，最终取得了令人瞩目的成就。

和拉夫伦的经历相类似的还有化学家维兰特。他的爸爸也是一名化学家，因此家中关于这方面的书很多，这些书让维兰特着迷，他一次又一次跑到父亲的书房内如饥似渴地学习各种知识，为以后开展化学研究打下了良好的基础。

在文学家里面，也有同样感人的例子。

1966 年，以色列的小说家撒母尔·约瑟夫·阿格农曾因他的作品"叙述技巧深刻而独特，并从犹太民族的生命汲取主题"而获得了诺贝尔文学奖。当时瑞典文学院认为他是"现代希伯来文学"的主要作家。阿格农从 8 岁开始，就每天都写一首诗，到 15 岁的时候，就发表了自己的处女作。还有蒙森，从小就读万卷书，学习各种语言，当他 17 岁的时候，已经掌握了五门外语……诸多例子，不胜枚举，这些都可以说明一点，那就是未来掌握在自己手中，唯有从小努力，才会让梦想变为现实。

每天都要有进步

英国的女作家多丽丝·莱辛可以说是一位高产作家。当她将近 88 岁的时候，获得了诺贝尔文学奖，可以说她是有史以来最年长的一位获奖者了。这次获奖让她的作品引起了人们的再度关注。

1919 年，莱辛出生于伊朗，后来在英国定居。她的作品非常多，早期的代表作有《金色笔记》，在这本书中，巧妙地运用了复合结构，让人惊叹。此外，她还会写心理学、科幻类的小说等，在近 50 年的时间里，发表了五十多部著作，另外还有数十本短篇小说、两部剧本、一本诗集、多本论文集以及回忆录问世。

很多人惊异于莱辛的高产，却不了解她在这背后付出的艰辛。她最开始接触写作的时候，仅有 15 岁。其间她一直没有放弃写作，当她成为一个幼子的母亲时，虽然家务和杂事缠身，但是她仍给自己订下规矩，每天都要有新的进步，不让一

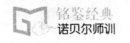
日闲过。

　　为了提高自己的写作水平，她读了大量19世纪的小说，例如托尔斯泰、司汤达、陀思妥耶夫斯基、巴尔扎克、屠格涅夫、契诃夫等大师的杰作，她认为这些作品才是伟大的现实主义的杰作。通过大量的读书与练笔，她的写作水平有了很大的提高。与此同时，她还格外关注女性的生存状况，并对此进行详细的调查和研究。

　　事实上，莱辛并没有像其他的获奖者那样拥有傲人的学历和丰富的学者经验。但是她却取得了如此巨大的成就，这与她对自己的严格要求是分不开的。

　　对于我们自身而言，每一个人每天都在经历很多事情。从早晨一睁眼开始，洗漱、吃早餐、上课或上班，等等，这些事情很琐碎，许多都是每天重复的内容，与以往没有什么区别。从这些琐碎的事情中，我们在一天天地走向未来。这个过程，我们应当进行深入的分析与思考，比如，到了晚上入睡前进行自我反省：我今天一天做了哪些事情？这些事情对于我而言有何意义？我今天取得了哪些进步？还有哪些需要进行改进？

　　如果我们能坚持每天这样做，一定会逐渐提高自己的水平。有时候偶然的一个触动，就有可能改变我们的人生。事实上，有很多好的想法人人都曾想到过，有的人做到了，并有所发展，会让自己变得更好；但是有的人却想想就算了，当做一个偶然事件渐渐地淡忘了，这样做就会失去很多良好的机会。

　　从现在开始，每天让自己取得新的进步，长期坚持下来，定会有令人惊喜的发现！

忠 45 告

用一生坚守梦想，别被时间偷走了

这个世上为何有那么多有才华的穷人和那么多的遗憾，究其原因，莫过于当前所做的一切并非所爱，而是被现实所迫——他们的梦想被时间和所谓的现实偷走了。

——诺贝尔文学奖获得者欧内斯特·海明威

每个人都有自己的梦想，从小时候开始，这个梦想就在我们的心底生根、发芽……人的生命是有限的，在这个漫长的过程中，我们会遇到各种各样的机会，我们不可能抓住每一个机会，但是我们的一生却可以为了一个梦想而努力。

坚守梦想，永不放弃

梦想的产生似乎很简单，当那幅美好的画卷出现在我们的脑海中的时候，幸福的感觉无以言表，但是我们要想把它们变成现实，还需要自己的努力。这个世界上没有谁能随随便便成功，而机会只会垂青于那些有准备的人，坚守梦想，就会成功。

19世纪，荷兰有一位长着一头红发，脸上长满雀斑的画家，他是后期印象派的代表人物。

他的生活中总是充满了坎坷，不幸屡屡降临到他的头上。虽然他吃了很多的

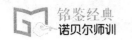

苦，生活贫困潦倒，但是他仍然坚持自己的梦想——绘画。他有自己独特的艺术风格，虽然得不到人们的认可，但是他仍然坚持了下去。

在他生命的旅程中，被疾病折磨得痛不欲生，但是仍旧没有放下画笔，顽强地按自己的意愿来生活。他总是在想："终有一天，我会找到一家咖啡馆，开办自己的个人画展。"他把自己的一腔热情都倾注在绘画上，尽管那些艺术鉴赏家们对这些画作不屑一顾。

100年之后，这些画作的拍卖价格居然成为古今中外所有画作中最高的。几乎所有的人都渴望能够收藏或参观他的画作。在这些画作中，有一幅名为《加奇医生肖像》的画作居然拍出了8250万美元的天价，这个价格是人类历史上一幅美术作品所能创造的最高价。

这个人就是闻名中外的画家凡·高。尽管他贫困孤独，尽管他受到了那么多的嘲笑和讥讽，但是这并没有改变他的意念，他始终坚守着自己的梦想，坚强地走了下去。他的执著让他把所有的美丽留给了全世界。

曾有专门的心理研究机构对于1901～1972年的150位诺贝尔奖获得者进行研究，他们发现这些人都具有一个共同的特点，那就是对自己充满自信，能够坚持自己的人生梦想，具有良好的知识基础，善于独立思考，而且在遇到困难的时候绝不会动摇。可以说是坚忍不拔，不畏困难，认真专注让他们获得了巨大的成功。

永不言败，为梦想而奋斗

"人不是生来被击败的，人可以被毁灭，但是绝不能被击败。"这是欧内斯特·海明威的名言。他以自己的勇气和面对难关的坚毅，在生活中真实地诠释了这个道理。

起初，海明威在写作上并不顺利，他曾经碰到过无数次的退稿，不计其数的失败并没有让他绝望。就是在这样的情况之下，他的厄运还远远没有结束，在乘坐飞机的时候，他曾遇到过两次失事。然而战火中，这位硬汉依然屹立不倒。晚年的时候，多种疾病的折磨，让他痛苦万分，高血压、糖尿病和新陈代谢紊乱等让他的精神变得极度抑郁。

到了 1961 年的 7 月，海明威已经不能再进行工作了。这样一位老人，居然对自己的现状不能忍受，他觉得自己绝不能做活在世上的无能者。时隔不久，传来了他自杀的消息。"勇敢地去死"是海明威最后留给人们的印象，而"活着，则应勇敢地活下去"是他坚守一生的信条。

海明威的作品在最开始的时候，市场反应并不好，没有多少人喜欢读他写的东西。如果是别人，可能就会放弃了，但是海明威偏偏是个不服输的人。当时，他是一名记者，在很多人的眼中，这是一份非常不错的工作。但是为了写作，海明威把这份工作舍弃了。他专心在家开始了创作，在当年的年底，他的第二部作品集《在我们的时代里》问世，次年美国进行了第二版的增订。此书一举成为1925 年度十大畅销书之一，海明威的才华也因此被世人所知。

海明威在作品开始推向社会时，面对的是读者的冷淡，但是他却依然能坚守下去。结果他成功了。为了让自己的梦想更加辉煌，他一生勤于写作，总共写了二十多部作品，受到读者的欢迎。

海明威当之无愧地获得了 1954 年的诺贝尔文学奖。

很多人看到了海明威的成功，却没有注意到他付出的努力。他在写作上是一个追求完美的人，曾经有一部小说《永别了，武器》被他写了 39 次结尾，而《老人与海》也曾改过二百多次。这样一位永不言败的传奇人物，用他的坚强毅力和顽强精神实现了自己的梦想，为我们树立了榜样。

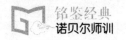

脚踏实地，向目标进发

19世纪，在德国出现了一个轰动一时的天才，他就是洛赫村牧师威特的儿子卡尔·威特。在父亲的指导和老师的培养之下，小威特3岁半就可以认字，6岁就开始学外语，等到了八九岁的时候，居然精通动物学、植物学、物理学、化学等各门学科的知识，尤其是数学，他的水平更是远远超出了常人。13岁的威特出版了《三角术》一书，14岁被授予了哲学博士学位。当他16岁的时候，这个年龄的孩子还在读高中，他却已经成为柏林大学的法学教授了。很多人觉得他是天才，可是只有他的父亲明白，威特的才能全部都是后天科学培养的结果。

威特小的时候不仅并不比别的孩子聪明，相反，他却比普通的婴儿还要笨上几分。父亲曾经一度很失望，差点儿放弃对他的养育。但是父亲很快找回了一个教育家应有的理智。他坚信自己如果全力以赴开发儿子智力的话，一定会取得很好的效果。老威特相信："对于孩子来说，天赋并不是成功的关键。唯有后天的培养，才能决定孩子的一生是否平庸。孩子生下来之后五六年的教育，完全可以弥补先天的不足。"

于是，老威特为了自己的梦想上路了。他为了让儿子学好语言，便以极大的耐心对儿子进行指导。从身体的各个部位到身上的衣服；从房间里的家具到家具上的物品；从天上的飞禽到地上的走兽……世间万物，莫不在他的教授之中。只要是儿子能听懂的，他都会讲给儿子听。日复一日，年复一年，老威特循序渐进，从简单到复杂不断地教儿子进行练习。

为了收到好的效果，他不断地重复，不厌其烦。父亲的讲述让小威特对于世界终于产生了具体的印象，而且他的词汇也在父亲的讲述中不断地变得丰富起来。当他五六岁的时候，词汇量已经相当于普通中学生所能掌握的10倍之多。为了让儿子多学几门外语，他还用不同国家的语言对故事进行重复讲述。

老威特的梦想终于在他脚踏实地的努力之下实现了，这个智商不高的婴儿成了名震欧洲的神童！这些成绩的取得与老威特坚持不懈地对儿子进行教育是分不开的。

任何成就往往都会经历一个不断失败的过程，而且还有可能会遇到来自外界的打击和压力。如果一个人在这些阻碍面前放弃了，那么他最终将与自己的梦想无缘。一个人具备坚强的毅力，坚强的心理承受能力，能够坚持不懈、始终如一地坚持下去，那么就为成功铺平了道路。老威特做到了，所以他成功了！

梦想虽然可以无限延伸，但是我们做事情也要专注，不要订太多的目标。"一个人的一辈子只要能做好一件事，就足够了。"这是袁隆平教授说过的话，只要我们坚守住这个梦想，用一辈子的时间去做这一件事情，那就足够了。

一个人的梦想有多远，他就能走多远。做人一定要有梦想，坚守梦想，才会看到人生的希望，专心努力一辈子，必定会在某个领域创造出杰出的成就。

忠 46 告

走自己的路，让别人说去

假若在实际生活中确认自己的目标是正确的并且是值得的，那么就不要怕因不听话而遭致任何不愉快的后果。只有自己才知道自己真正想要的是什么，所以不要过分在意别人的评价。

——诺贝尔生理学或医学奖获得者约翰·苏尔斯顿

一个人不能没有自信，否则就会过分地依赖别人，使自己始终处在别人的掌握之中。因此一个人如果想成功的话，必须依靠自己。

成功的人生，必定有不同于凡人的地方。相信自己，肯定自己，才会欣赏自己，才能在超强的自信心之下勇往直前，走出一条属于自己的成功之路。这是智者的思想，也是成功的奥秘。

不要过分在意别人的评价

一个人的行事风格总是与自己内心的想法密切相关。而这个想法经常会受到来自社会各方面言论的影响。如果我们总是在意别人的想法，将会活得很累，永远不会养成独立的思维。在这个世界上，谁都有可能犯错误，因此我们不应当一味地迷信权威或名人。因为即便他们很杰出，也不能完全避免错误的出现。

人类自身总会产生一种维护自己的想法，这是一种天生的心理自我保护机制。

如果有了与自己不同的想法和观念，大家都会习惯于用自身已经具有的知识来进行解释。如果解释不了，就会本能地进行排斥，潜意识地进行抵制，这是客观存在和无法避免的。在历史上，这种由于科学家的固化思维导致的错误不计其数，令人扼腕叹息。

亚里士多德是古希腊的学者，在当时的欧洲，他是智慧的化身。很多的人都很崇拜他。但是当他创立出"四元素说"之后，却一直坚持自己的意见，认为别人的想法都是错误的。因此当德谟克力特的原子论问世之后，他坚决反对，认为对方的想法是非常可笑的。

道尔顿也是如此，他曾经在创立了科学原子论之后就止步不前了，否认新生的观念和事物让他的思想变得僵化。还有英国的物理学家威廉·汤姆逊，由于在电磁学、热力学方面颇有成就而志得意满，得意地认为自己是重要科学研究的终结者。当卢瑟福的"原子蜕变理论"提出来的时候，他认为那根本就是一个笑话，连了解一下对方学说的兴趣都没有。

更有甚者，有的科学家居然对自己的科学成就没有自信心，把已经提出来的理论又推翻。比如说普朗克，曾经为物理研究作出了巨大的贡献，提出了量子理论假说。但是到了最后，却由于听信别人的言论而打算把这个理论推翻。

这种错误并不仅仅出现在个别的科学家身上。就是世界上人们认为最伟大的科学家爱因斯坦也不能例外。他在晚年的时候，犯了同样的错误。他认为海森堡的波粒二象性的"测不准原理"是错误的……

最为可笑的应当说是飞机的发明了。在 19 世纪下半叶，曾有人提出并用数学证明比空气重的飞行器械是不可能诞生在世界上的，这位学者就是纽卡姆——美国著名的天文学家，但是现在，就连我们普通人都有机会坐在飞机上满天飞了。

这样的事情在历史的长河中数不胜数。一些公认的伟人往往也会犯一些在今

天我们看来非常可笑的错误。因此，我们不要过分在意别人的评价，不管他是权威还是普通人，最后的结果都有可能是——他错了，而你却对了。因此我们要专心走自己的路，让别人说去吧。

思考要独辟蹊径

理查德·费曼是美国著名的物理学家。1965年，他曾在世人美慕的眼光中获得了诺贝尔物理奖。理查德·费曼提出了费曼图、费曼规则和重正化的计算方法，这是迄今为止研究量子电动力学和粒子物理学不可缺少的工具。

费曼有一个不同于常人的优点。他能在别人不注意的地方或者大家都非常熟悉的地方，发现让所有人都感到吃惊的东西。他经常这样说："如果一个人学会了解释最简单的东西，那么他也就成功理解了科学本身。"通常情况之下，费曼能把一些特别复杂的专业上的东西，用简单的语言来加以表达。

费曼在科学界享有一定的声望。他的思考却常常独辟蹊径，与众不同。1986年，美国的航天飞机——挑战者号在飞行过程中失事了。于是美国的科学权威组成的罗杰斯委员会来调查此事。

当调查开始的时候，几乎所有的科学家都以提交上来的报告和会议信息来作出自己的判断。但是费曼却不这样做，他直接去设计、制造和操作航天飞机的技术人员那里走访，对于发射人员也会详加询问，态度认真。

在最后的调查会议上，所有的人都在关注着试验调查的结果。其他的调查者都是拿出来一大堆各种各样的数据资料进行分析和评论，揭示失事的原因，认为这是一个非常复杂的事情。

轮到费曼的时候，他就像表演魔术一样，拿出来一杯冰水。接下来，他取出了一把尖嘴钳，把一个橡皮环夹了起来放入冰水之中。所有的人都惊呆了，不知道他在做什么。

几分钟之后，他微笑着宣布了答案："在飞机发射当天，由于气温太低，从而让橡皮环不再具有弹性，因此造成了推进器里面的燃料发生了泄漏，这就是飞机失事的原因。"他的话音未落，所有人都鼓起掌来。这就是后来的"0型环演示实验"。这个实验在第二天的《华盛顿邮报》中称为"一个简单而优雅的试验，让所有的人都明白了飞机失事的原因"。

这件事告诉我们一个道理，思考要独辟蹊径，想别人没有想到的地方，做别人没有做到的事情。

掌握正确的思维方式

每一个人的思维方式往往会对他的人生产生重要影响。如果一个学生在学习期间就学会了进行独立思维，那么这种好的思维习惯将会有利于他将来的成功。

通常情况之下，我们应当如何去掌握正确的学习方式呢？面对新知识，不要迷信权威，也不要一味地相信别人的言论是正确的。我们要进行独立思考，有自己的想法。

对于新的看法和观点，只要是正确的，我们就要及时地接受。但是当我们遇到不符合自己观点的言论时，就要深入思考来判断真伪了。

正确的思维方式是一种积极的大脑活动，这种技能可以是自身培养出来的，也可以是通过训练锻炼出来的，当然也可以是从老师那儿学来的。它的分析方法常常是把一个问题分成好几个小的部分，然后积极地加以思考，用耐心去守候最终结果的出现。

培养逻辑思维能力是做到合理思维的第一步。

首先，要具有怀疑一切的精神。在接受新的知识之前多问几个为什么。把所有的知识进行归纳整理，并进行推理和演绎。这种方法和医生为病人诊断的方法非常相似。当病人口述疾病的时候，医生要细心地进行观察。最后，医生会通过自己多年以来的行医经验来判断病情，从而得出最后结论。

其次，要具有创造性的思维。脱氧核糖核酸分子结构是困扰科学家们很久的问题。沃森博士也一直在寻求解决的办法。由于他整天都在考虑这个问题，居然在梦中也出现了脱氧核糖核酸。当时，沃森博士梦到了电影摄影师在拍摄过程中用过的一种道具：螺旋式楼梯。当他从梦中惊醒的时候，立刻跳下床，把这种楼梯的样子画了出来。正是沃森博士平日里善于独立思考，才找到脱氧核糖核酸的双螺旋结构。

最后，要培养超前思维。超前思维是以将来为起点，对人类的思想和行为加以正确的引导。超前思维可以让人类的思想有质的飞跃，让人类的行为提升到一个前所未有的高度，在这个过程中，就会产生创新。如果想做到超前思维，那么就要遵循一定的思维原则。思维要具有技术含量，要有后续发展的可能性，而且还要有宏伟的目标。随着社会的发展，生命科学在人类社会中占有越来越重要的地位。一些科学技术先进的国家，比如英国、加拿大、美国等，为了招揽到具有顶尖核心技术的科学家，把大量的资金投放到开发基因组工程中去。长远的目光也是超前思维必须具备的条件。要想提出超越现阶段的事物，提出超前的思想，必须用长远的目光来打量眼前的这个世界，冷静审视现阶段事物中的弊端、缺陷和不完美的地方。

忠 *47* 告

做本色演员，才会有出色表演

其实本色表演是最容易成功的，只有做本色演员，才会有出色表演。

——诺贝尔化学奖获得者奥托·瓦拉赫

我们每一个人生活在世界当中，周围的环境对我们的性格和观念都产生着潜移默化的影响。每个人身上都有自己最独特的一部分，如果发现并利用得好，那么就会让这份独特变成一轮太阳闪闪发光，照耀周围所有的人。

在成功之前，每个人所做的事情就是努力探索自己，寻找并发现自己的优势，让它绽放出最美丽的色彩。每个人都有自己不为人所知的潜力，关键是你如何挖掘。本色出演是成为一个优秀演员的捷径，扬长避短是走向成功的通行证。

在熟悉的领域发展

我们的人生各不相同，分别有属于自己的那份精彩。每个人都有自己熟悉的领域，如果在这一方面发展的话，一定会具有先天性的优势。

在新泽西的一所学校里，老师遇到了一个愚钝无比的学生。老师想尽了一切办法，依然不能够让这个学生从 1 数到 10。最后，老师不得不把孩子的家长请

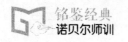
到了学校。

老师把情况进行了介绍，然后就孩子的教育问题征询家长的意见。父亲一听十分恼火，当着老师的面伸手就要打孩子。"你连最简单的从1数到10都学不会，将来只能成为一个废物！"老师刚要劝阻，这个笨小孩居然乐呵呵地说："拳王争霸赛上的裁判只需要数到9，将来我长大了也可以去做裁判。"

在当今的体育圈子中，几乎每一个人都知道布鲁斯·弗兰克林是全美国职业拳击运动史上最伟大的裁判，而我们上面所讲述的故事中，那个被老师认为愚钝无比的孩子就是布鲁斯·弗兰克林。

我们可以向别人学习，但是与此同时也要看到自身的优点。一味地盲目崇拜别人只能令自己越来越自卑，长期下来就会把自己的潜能扼杀掉。有些人确实很勤劳，勇于付出，兢兢业业地坚持奋斗，如果他们能在自己熟悉的领域发展的话，一定会获得更为卓越的成功。

有句俗话可以很形象地说明这一点——"让兔子去跑，别教猪唱歌。"每个人都有自己的强项，就好比是鱼和马不能调换角色一样。你不能让马在水中快乐地游泳，更不可能让鱼在陆地上奔跑。这些想法听起来就很好笑，但是却向我们揭示了一个深刻的道理。我们要在自己的强项方面进行发挥。只有发展自己的长处，将来才会左右逢源，得心应手。如果选错了方向，那么就算是付出了再多的努力，可能也只会对着别人成功的背影兴叹。

不要总是去跟随和效仿别人，要学会全面判断自己的情况，作出明智的决定，选对正确的方向。懂得如何去为自己的未来奋斗，合理规划自己的人生道路。把那些藏在自己身上的潜质挖掘出来，让它们放出异彩。不要因为别人的错误看法就放弃努力，每个人都有自己优秀的地方，找准合适的角度，你会发现自己的精彩无人能及！

寻找适合自己的项目

几乎所有的人都遇到过这种情况，同样的一件衣服，穿在适合的人身上就会得体而优雅，穿在不适合的人身上就会相当难看。不论衣服的贵贱，适合你的才是最好的。要想让自己的个人价值得到提升，只有寻找到适合自己的项目才是最好的。

我们有时候常常会犯这样的错误，那就是拿别人的优点来与自己的缺点做比较。很多的人天生就有自卑心理，当列数别人的优点时，他们可以说出一长串来，但是轮到自己，总是觉得一无是处。这样做的结果就是对自己的弱势耿耿于怀，劳心费神地想要去改变，反而让自己的优势逐渐消失。究其根源，主要是因为那些不如别人的地方一直提醒着他自己：我不如别人。在这种心理状态之下，要想有所发展，简直是背着沉重的负担上路，结果可想而知。

有位 14 岁的英国小女孩。家长把她送到了露海德学校去读书。由于她讲一口浓重的爱尔兰口音，眼睛高度近视且长相平淡无奇，而且穿着寒酸，因此并不受其他同学的欢迎，但是她却从来不以为意，因为她明白自己的长处在哪里。她认为自己是所有的学生中最聪明的一个，事实上也的确如此，她的成绩很快在所有的学生中脱颖而出。法语学习奖很快落入她的手中，她还获得了学校的银奖，并且连续三个学期都是如此。

她的才华就像玉石一样，在时间的雕琢之下显露出了迷人的光辉。大家开始越来越喜欢她，而她身上的那些不足，也早已经被人们遗忘了。

她学成之后做了一名老师。她发现自己非常喜欢写作，决定走这条路，但是家人却极力反对。于是她把自己的想法写在信里寄给了当时特别有名的诗人罗伯特。这位名人也对她的计划表示忧虑，他认为这份职业并不适合她，建议她放弃

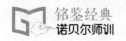

这个打算。但是她却相信自己一定能成功。

她投身到文学创作中去，并逐渐作出了成就。她就是《简·爱》的作者夏洛蒂·勃朗特。

切记，首先搞清楚自己的优点在哪里，寻找适合自己的项目进行发展，不要拿别人的长处与自己的缺点做比较。改换不同的角度判断自己的情况，最重要的不是放大自己的弱点，而是发挥自己的优势，只要你愿意，一定会作出不同凡响的成就。

做本色演员，准确给自己定位

奥托·瓦拉赫是诺贝尔奖的获得者，他的经历极其曲折精彩。

在当时，从事文学的人获得的声望和社会地位都很高。他小时候，父母非常希望他能成为一个作家，因此有意识地培养他向文学方面发展。家长为他买了许多文学类的书籍让他学习，还专门为他请了文学老师授课。但是老师却并不看好这个学生，瓦拉赫对于文学的领悟能力非常差，在这方面的表现非常糟糕。

到了学期末，老师给他下的评语是："瓦拉赫很用功，但过分拘泥，这样的人即使有着完美的品德，也绝不可能在文学上发挥出来。"这句话相当于给他的文学之路画上了句号。

家人感到无奈，只好让儿子去学绘画。但是瓦拉赫天生对于构图一窍不通，学起来非常吃力；他对于润色更是找不着感觉，经常把自己的绘图作业画得一塌糊涂。最要命的是，他对于艺术缺乏理解能力，在课堂上的表现让老师极为恼火。一个学期下来，他的成绩居然是班上最差的。

老师更是丧失了信心，以坚决的语气对其家长说道："瓦拉赫在绘画方面绝对难以成才！"老师们对他的表现非常失望，放弃了努力，大家一致认为这个孩子是最笨的孩子，不可能成功。

但是家长却意外地看到了化学老师夸奖儿子的评语，"该生做事一丝不苟，具备做好化学实验的优秀品质。"父母欣喜万分，接受了老师让孩子学化学的建议。于是瓦拉赫的潜能得到了有效的发挥。很快，众人眼中难以雕刻的"朽木"一转眼成了公认的"前程远大的高才生"。在所有的学生当中，瓦拉赫的成绩总是最好的，他最终获得了诺贝尔化学奖。

瓦拉赫的成功事例向我们说明，人的智能发展都有各自不同的强点和弱点，不同的人智能发展的方向也不相同。如果能找到准确的定位，发挥自己的优点，让智能得以发挥的话，一定会取得惊人的业绩。后来，人们还把这一现象定义为"瓦拉赫效应"。

被人们称为"经营之神"的松下幸之助，曾经说过，人生成功的诀窍就是经营自己的个性长处，这样才会让自己的人生增值。

在现在的社会，综合性的学科越来越多。一个人的精力和时间有限，不可能学习所有的领域。只有做本色演员，找准自己的定位，才会有卓越的表现。成功是多元的，每一个领域都有可能创造出新的成就。在学生时代，一定要找准自己的学习方向。

做本色演员，你将会在人生的舞台上活得更加精彩！

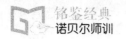

忠 *48* 告

适应环境，灵活变通

历史的发展证明，只有那些最能适应环境的物种，才能够生存下来。要想在这个复杂的社会中生存，学会灵活变通才能把你引向成功。

——诺贝尔化学奖获得者格林·西奥多·西博格

我们在学校学习的时候，由于周围的生活环境相对社会而言比较封闭，而且人际关系也比较简单，所以比较容易适应环境。但是我们一旦走向社会，生活环境便会变得更加复杂，因此尽快适应社会环境非常必要，如果缺少灵活变通，则很容易遇到困扰和伤害。

及时调整自己的计划

现在的社会，如果说用"日新月异"这个词来形容的话，还是远远不够的，可以毫不夸张地说，现在的社会是"瞬息万变"的。各种新的信息像潮水一样向我们奔涌而来，有时候真的让我们置身其中而不知所措。

当树立了一个明确的目标时，通常需要制订一个实现目标的计划，然后去付诸实施。但是有句话大家都知道——计划赶不上变化。这个世界上没有什么是永恒的，意外随时有可能发生，任何事情都充满了变数，因此当一件事情的发展出乎我们的意料时，也是很正常的事情。

如果周围的环境发生了变化，原来的计划不再适应当前的情况时，就必须要做出相应的改变。如果面对这些改变思路开阔，会灵活变通的话，那么目标的实现就不会受到影响；但是如果思想僵化，保守落后的话，将会使人难以应付，最后陷入被动的困境。

在实验室里，科学家们经常会用小白鼠来做实验。有时候，他们会训练小白鼠来走迷宫。为了强化它的这种动作，科学家们常常在小白鼠走出迷宫之后，拿出一块奶酪来奖励它。当科学家尝试着把奶酪拿走的时候，小白鼠开始照样会走原来的路线。不过走上几次之后，它就会知道走完迷宫后，也不会得到奶酪。小白鼠就开始走其他道路，尝试是否能从别的地方得到奶酪。小白鼠很快就会适应新环境的变化，说明它懂得"灵活变通"。

然而在社会上，有的人在知道以某种固定的方式行事可获得报偿的时候，便会不断地重复进行这种方式，就算是已经没有"奶酪"了，仍旧不会变通，这样的人是很难取得成就的；而那些乐于冒险，勇于创新，喜欢多角度进行尝试的人，却已经预约了成功！因此我们要根据所遇到的实际情况学会灵活变通，及时调整自己的计划。

关注周围环境的变化

安德鲁·卡内基 19 岁的时候找到了一份很平常的工作——在宾夕法尼亚铁路公司做电报员。上司斯考特先生很喜欢这个年轻人，经常教他做一些工作范围以外的事情。当时铁路的管理系统并不完善，所有的铁路都是单线运行。当出现风险的时候，需要用电报给列车发指令，不过这是主管的权力，其他人是没有这个资格的。如果越权行事的话，不仅会被解雇，还会受到大家的嘲笑，最糟糕的是还有可能受到刑事处罚。

有一次，东部发生了一起严重的事故，导致了西部的客车无法按时运行，两个方向的车都停了下来。当事故解除之后，因为没有斯考特先生发布的行车指令，因此信号员只能一段一段地引领向东的客车前进，严重影响了列车的运行。而此时此刻，到处都找不到斯考特先生，因为他有另外的公事需要处理，忙得脱不开身。卡内基了解到这一情况之后，经过慎重考虑，决定替斯考特先生发布指令，在当时来说，这是完全违规的。

"然而我能让一切都运转起来，我知道我行，平时我在记录斯考特先生的命令时，这些事情都做过。"卡内基后来在自己的传记中这样记述。当时，他使用上司的权力发出了指令，然后认真地把每一列车都发了出去，并在机器旁密切观察信号的显示情况。列车从一个站被调到了另外一个站，有条不紊地恢复了正常的运行状况。当斯考特回到办公室之后，对他的行为大加赞赏。后来，他这次冒险指挥列车的事情被总裁汤姆逊先生知道了，并牢牢记住了他的名字，提出了表扬。

很显然，这是一次意外情况。当时的情况之下，虽然列车停滞，无法正常运行，但是卡内基是没有调度权力的。但是卡内基善于变通，不拘泥于死的规章制度，而是勇于冒险，以自己的责任感和信心再加上早已经熟悉的技能完美地解决了这些问题。他的这一行为得到了上司的称赞，并受到了老板的赏识。

安德鲁·卡内基的性格优点给他的人生带来了巨大的成功。他极具眼光地看到了钢铁桥梁的广阔前景，于是积极投身到钢铁行业当中，最后成为美国的钢铁大王。

从这个事例我们可以看出，凡事不能墨守成规，要懂得变通。在通往成功的道路上，一定要经常停下来想一想自己的行动是否有些错误，是否跟得上周围环境的变化，要随时做出相应的调整，只有这样，才会让计划顺利地执行下去。

我们的生活充满了变数，每一个人随时有可能遇到与往常不同的情况。我们要随时关注周围的环境变化，才能更好地适应社会。

顺应发展，灵活变通

人类历史上第一次出现了这样美丽的景象——一朵巨大的蘑菇云在美国西南部新墨西哥州的沙漠上空爆炸。它的形态不断变换，绚丽的色彩让人目瞪口呆。这件事情发生在 1945 年 7 月 16 日的清晨，当时太阳还没有升起，周围的寂静被这天崩地裂的巨响所打破。这一切就发生在原子弹的爆炸现场。

当时原子弹分为两种，有钚弹和铀弹，它们都是利用重元素的原子核裂变时产生的巨大能量而制造的武器，具有极大的破坏力。相比较而言，钚弹比铀弹要更加复杂一些，这种原子弹要用到的原料钚 239 是一种在自然界并不存在的人造元素。

那么它是怎么研制出来的呢？这就需要提到我们故事的主人公——美国著名科学家格林·西奥多·西博格。因发现多种超铀元素，这位科学家也因此荣获了 1951 年的诺贝尔化学奖。他的成就无论是过去还是现在，都是空前的，被人们誉为"超铀元素之父"。

西博格 25 岁的时候，成为当时一流科学家路易斯教授的研究助理。此后不久，他被任命为"曼哈顿计划"铀后元素小组的负责人。

西博格在最开始参加工作的时候，有一些富于经验的同事就对他说过，千万不要打乱传统确立的元素体系。当时大家都认为元素周期表是最具有权威的，但

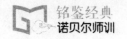

是西博格却坚持认为"我的理论要求元素周期表另行排列"。

为了验证自己的观点，西博格与同事们合作，展开了对于超铀元素的研究。当时他还致力于核化学研究。1944 年，西博格提出了锕系元素概念与它们的电子结构，此后，他又相继合成了镅 (95Am)、锫 (97Bk)、锎 (98Cf)、锿 (99Es)、镄 (100Fm)、钔 (101Md)、锘 (102No) 及 106 号元素𬭳 (106Sg)，从而改写了化学元素周期表，成为名副其实的"超铀元素之父"。顺应科学的发展，灵活进行变通促使西博格在人类化学元素的发现史上作出了卓越的成就，被世人所景仰。

大家都知道达尔文的进化论，在自然界中，能够最后存在下来的物种，往往并不是那些最强壮的物种，比如恐龙就是如此，这个物种曾经称霸于一个时代，但是后来却灭绝了。只有那些最能适应环境的物种，才能够生存下来。

人生总是会遇到很多的变化，我们也会产生无数的困惑，当我们面临这些的时候，一定要随时调整自己的心态，改变自己的做事方法，这样才能有所收获。要想在这个复杂的社会中生存，学会灵活变通才能把你引向成功。